民生委員のための
経済的困窮者支援
ハンドブック

小林 雅彦 = 著

中央法規

はじめに

＜本書の目的と民生委員の役割＞

　本書は、民生委員の皆さんが経済的に困っている住民を支援するときに役立ててもらうことを目的に執筆しました。

　内容としては、生活保護制度、生活困窮者自立支援制度、生活福祉資金貸付制度など主要な制度を紹介するとともに、新型コロナウイルス禍で登場した新たな施策の内容や、既存の制度の特例的運用等についても取り上げました。

　わが国の福祉制度は申請主義が原則です。つまり、申請しなければ制度を利用できません。生活に困った場合に必要な支援策を利用することは国民の権利ですが、現実には、利用できていない人が少なくありません。理由としては、制度を知らない人、制度を誤解していて利用できないと思い込んでいる人、制度を知っていても申請手続きがうまくできない人、さらには事情があって利用をあきらめてしまった人など、さまざまな理由で制度を利用していない人がいます。

　このような現状を踏まえ、本書を通して民生委員の皆さんに経済的困窮者に対する主要な支援策の概要を知っていただき、住民がこれらの支援策を活用できるように情報提供をしたり、利用申請の際の支援等の役割を発揮していただくことを期待しています。

＜本書の構成＞

第1章では、経済的困窮者に対する支援のあり方と民生委員の役割について紹介します。

第2章では、国民生活のセーフティネットである生活保護制度について紹介します。

第3章では、2015年に始まった生活困窮者自立支援制度について紹介します。

第4章では、新型コロナウイルス禍で経済的に困窮した人に対する支援策と民生委員の役割について紹介します。

＜本書を読んでいただくにあたって＞

①本書で取り上げている制度は国が設けているものです。自治体によっては国の制度に上乗せをしたり独自で支援策を設けている場合があるので注意してください。

②本書は2021年9月25日現在の情報に基づいて記述しています。

実際に支援策を利用する場合には、必ず最新の情報を厚生労働省や地元自治体のホームページなどで確認してください。特に、新型コロナウイルス禍では、申請手続きの締め切り期日や適用期間の延長等が何度も行われています。本書で記述している適用期間等が延長される可能性が十分考えられるので、必ず確認をしてください。

本書がこれまでの民生委員シリーズと同様、多くの民生委員の皆さんに読んでいただくことで日々の活動の一助になれば幸いです。

目次

はじめに

資料

著者紹介

経済的困窮者支援と民生委員

経済的困窮者の支援と民生委員に期待される役割

民生委員になって日が浅く、これまで経済的に困っている人の支援はほとんど経験がありません。民生委員にはどのような役割が期待されているのでしょうか。

 「経済的困窮者が対象だから特別な支援が求められる」と考える必要はありません。高齢者など他の住民を支援するときと同様、支援が必要な人を把握して本人に寄り添いながら関連する制度を紹介したり、関係機関につなぐなどの役割が期待されています。その際、経済的困窮者の自尊感情（自分を大切にする気持ち）を高めることについても意識することが大切です。

 　近年、わが国では経済格差が広がっており、新型コロナウイルス感染症の感染拡大の影響も加わり、経済的困窮者の支援は社会全体で取り組むべき最重要課題になっています。

　経済的困窮者の生活を保障する責任が行政（国・都道府県・市町村）にあることはいうまでもなく、また現にそのための制度も（不十分との声はあるものの）一定程度整っています。

　しかし、制度があるだけで誰もが利用できるわけではありません。経済的困窮者の多くは周囲との関係が弱くなっているため、情報の入手が困難だったり、支援が得にくいといった課題があります。このようなことから、経済的困窮者の支援にあたって民生委員には大きく分けて次の2つの役割が期待されます。

1. 支援策に関する情報を提供し、利用を支援する役割

　民生委員の基本的役割として、住民のなかで支援が必要な人を適切な支援につなぐ役割があります。そのため、民生委員はこれまでも地域を歩き、ネットワークを活かして情報収集をしてきました。ただし、そこでの関心はどちらかといえば高齢者や子育て世帯が中心でした。その重要性は今後も変わることはありませんが、そこに意識的に経済的困窮者のことも加えていただくことが大切です。

　かつては、経済的困窮者を把握しても、つなぐ先は生活保護や生活福祉資金などに限られていましたが、現在は生活困窮者自立支援制度、子どもの貧困対策、高等教育に対する給付型奨学金、さらに各制度の新型コロナウイルス禍での特例的運用などさまざまなつなぎ先があります。民生委員はそれらの支援制度の概要を知っておき、経済的困窮者の早期の把握と関係機関への紹介やつなぎ役を担えるとよいでしょう。

2. 本人に寄り添い、意欲を高めるための支援をする役割

　経済的困窮者の多くは、社会のなかにある「経済的困窮は自己責任だ」という考え方や、かつての職場での挫折体験などにより、自信をなくし自尊感情が低下しているといわれています。これらのことは自立に向けた意欲を生み出す障害になり、本人が社会的支援の利用に消極的になる一因になっています。

　民生委員は、徹底して本人に寄り添い、本人の尊厳を尊重することが大切です。そして、本人の意思を尊重しながら地域との関係づくりや居場所を見つけることを支援し、本人が自尊感情を取り戻し、積極的に自立を目指す意欲をもてるように継続して見守る役割が期待されます。

2 経済的困窮者の支援で大切な視点や特に意識すべきこと

経済的に困っている人の支援にあたっては、どのようなことを大切にしたり意識する必要がありますか。

経済的困窮者の支援にあたっては、①自分の価値観を持ち込まない、②いろいろな自立の考え方がある、③金銭の給付だけではない、いろいろな支援方法がある、④世帯と個人の両方をみる、⑤個人情報保護に最大限の注意を払う、などを意識することが大切です。

支援にあたっては次のことを意識することが大切です。そのためには民生委員としては自立の考え方やさまざまな支援方法の内容、個人情報保護のあり方などをあらためて学習しておくことが重要です。

1. 自分の価値観を持ち込まない

労働や経済的困窮に対する考え方は多様です。健康に見える人が働いていないと、「働くべきだ」「仕事は厳しいのが当たり前、少しつまずいたくらいで働かないのは甘えだ」と思う人がいますし、そのように考えて自分自身を励ましたり叱咤激励することは個人の自由です。

しかし、その考え方のまま経済的困窮者の相談にのったり情報収集をすると、気づくべきことに気づかず、見つけるべきことが見つけられず、相手を支援するのではなく、むしろ追い込んでしまう可能性があります。支援にあたっては、自分の価値観を持ち込まず、その経済的困窮者のあるがままを受け止め尊重することが大切です。

2. いろいろな自立の考え方がある（その人に応じた自立がある）

　厚生労働省の「生活保護受給者の社会的な居場所づくりと新しい公共に関する研究会」では、自立について次の3つの考え方を含むとしたうえで、個々の状況に即した自立を目指す重要性を提起しています。支援にあたって参考になる考え方です。

　①経済的自立＝就労による経済的な面での自立

　②日常生活自立＝自分で自分の健康や生活管理を行い日常生活において自立した生活を送ること

　③社会生活自立＝社会的なつながりを回復・維持するなど社会生活における自立

3. 金銭の給付だけではない、いろいろな支援方法がある

　詳細は**問3**で述べますが、支援方法には金銭の給付以外に金銭の貸与や減免、また宿舎やサービスや相談などの金銭以外での支援もあります。金銭給付だけにとらわれず支援を考えることが大切です。

4. 世帯と個人の両方をみる

　夫婦や親子が同居している場合、一般に経済的に助け合っていると考えますが、例えば、「夫が給料を全額自分で使い妻子は貧困状態」「親の年金を子どもが全額勝手に使っている」というように、実際には異なる場合があります。したがって、支援にあたっては世帯と個人の両方の実情に関心をもつ必要があります。

5. 個人情報保護に最大限の注意を払う

　どんな場合でも個人情報保護は重要ですが、特に経済的困窮者の場合は慎重に扱う必要があります。このことは地域住民との関係だけでなく、親族間においても同様です。親子や兄弟姉妹だからといって、お互いの家計の実情を知っているとは限りません。この前提に立って個人情報を扱うことが大切です。

3 支援にはさまざまな方法がある

経済的に困っている人を支援する方法には、どのような方法があるのでしょうか。金銭を使わない支援もあるのでしょうか。

経済的困窮者を支援する方法には、金銭的な支援（給付、貸与、減免、猶予等）以外に、現物給付による支援（住宅や医療等の提供）、各種サービスを活用するための相談や助言、就労訓練などの支援があります。なお、新型コロナウイルス禍の特例については第4章で説明します。

経済的に困った場合、例えば、失業給付のように保険制度加入者が利用できる仕組みがありますが、ここでは除きます。保険加入の有無などにかかわらず、現に経済的に困っていれば誰でも利用可能な支援を紹介します。

1. 金銭的な支援

1 給付

代表的なものが生活保護制度です。一定条件を満たせば誰でも現金が給付されます。財源は税金であり、公平性や客観性を担保するため、利用時には調査や書類確認などが厳格に行われます。また、利用者に対して保護の実施機関から指導などが行われる場合もあります。

2 貸与

生活福祉資金や母子父子寡婦福祉資金貸付金制度などがあります。貸与なので返す義務がありますが、民間金融機関による融資（民間融資）に比べ低利（または無利子）で、返済猶予や免除等も柔軟に行わ

れます。また、保証人がいなくても借りられるなど、民間融資よりも利用しやすくなっています。

③ 減免

減免とは、本来負担すべき費用を減額または免除することです。前述の貸与制度や税金、社会保険料や公共料金等に減免があります。

④ 猶予

猶予は、現在は経済的困窮状態にあるが将来の収入が見込める場合等に、支払の時期を先送りする制度です。例えば、税金、社会保険料、公共料金や NHK の受信料等、さまざまな制度で適用があります。

2. 現物給付による支援

生活保護制度の医療扶助（**問 12** 参照）や救護施設への入所（**問 13** 参照）、生活困窮者自立支援制度における一時生活支援事業（**問 21** 参照）などがあります。「現物」といっても形のあるものとは限らず、医療や介護などのサービスも現物給付といいます。次の相談や助言も、現金ではないという点では現物給付ということができます。

3. 相談や助言、就労訓練などの支援

経済的困窮者の多くが周囲から孤立しがちなため、制度に関する情報がなかったり、制度を積極的に活用しようとする意欲の乏しい人がいます。また、仮に金銭の給付を受けられたとしても、金銭管理がうまくできなければせっかくの給付を活かせません。さらに、長期間仕事に就いていない人や短期間でいくつも仕事が変わったような人は、就職活動をしても再就職することは容易ではありません。

このように、経済的困窮者の支援では単にお金や物が入手できれば、困難が解決したり自立が実現するとは限らないことから、制度も活用しながら自分らしい生活を送るために、本人の特性や心情を理解しながら相談や助言をしたり、就労訓練などをする支援も重要です。

4　国民には健康で文化的な最低限度の生活を営む権利がある

国民には健康で文化的な最低限度の生活を営む権利があると聞きますが、これはどういうことでしょうか。また、その具体的な内容はどうなっているのでしょうか。

POINT　日本国憲法第 25 条第 1 項は、国民に健康で文化的な最低限度の生活を営む権利があることを規定し、第 2 項は、そのために国が努力することを義務づけています。この権利の実現のために生活保護法等が整備されていますが、何が健康で文化的な最低限度の生活かということの絶対的基準はありません。その時々の政府が現に行う施策によって保障する生活の水準が決まります。

1. 日本国憲法における基本的人権としての生存権

　　国民主権や基本的人権の尊重を基本原理とした日本国憲法は 1946 年 11 月 3 日に公布され、翌年の 5 月 3 日に施行されました。国民の権利の尊重という理念が乏しく、戦争に突き進んだそれまでの日本社会のあり方に対する反省を踏まえ、日本国憲法は従来の大日本帝国憲法とは大きく様変わりしました。

　　第 11 条では「この憲法が国民に保障する基本的人権は、侵すことのできない永久の権利として、現在及び将来の国民に与えられる」と規定しました。この基本的人権には、自由権、平等権、社会権、参政権等がありますが、日本国憲法第 25 条の規定は生存権と呼ばれ、教育を受ける権利などとならび社会権に分類されます。社会権とは、国民が人間らしい生活を送れるように国に要求できる権利です。

2. 日本国憲法第 25 条の内容

日本国憲法第 25 条は次の 2 項で構成されています。

1　すべて国民は、健康で文化的な最低限度の生活を営む権利を有する。
2　国は、すべての生活部面について、社会福祉、社会保障及び公衆衛生の向上及び増進に努めなければならない。

◼ 国の責任の考え方

この規定は、生存権規定と呼ばれます。生存権とは、すべての人が生まれながらにしてもっている権利です。

この規定に関して、これまで「健康で文化的な最低限度の生活」について、度々裁判で争われてきましたが、「何が健康で文化的な最低限度の生活かを決める権限は国にある。必要なら国会で議論して支援のための法律の整備や改正をすればよい。法律の趣旨からの明白な逸脱などがない限り裁判にはなじまない」といった主旨の判断が示されています。

また、日本で長期間働いていて税金も納めている外国人は、ここでいう「国民」の範囲に含まれないのか（権利を保障する対象に含まれるか含まれないか）ということも議論になることがあります。

◼ 第 2 項の内容

第 1 項の趣旨を実現するために、第 2 項は国の努力義務を明記しています。これを受けて、生活保護法をはじめとした福祉や社会保険に関する法が整備されています。

なお、第 2 項は「国は」で始まりますが、ここでいう国には地方自治体も含まれ、社会福祉等の向上や増進には国とともに地方自治体も責任をもっていると解釈されています。

5 子どもの貧困と民生委員の役割

最近、子どもの貧困という言葉を度々聞きますが、大人とは異なる特別な意味があるのでしょうか。また、民生委員にはどのようなことが期待されているのでしょうか。

貧困は子どもだけに起こる問題ではありませんが、成長発達段階にいる子どもの場合、貧困の影響は特に大きく、健全な発達を妨げ、将来の可能性の芽を摘んでしまうことになります。また、子どもは助けを求める方法を知りませんし、困っていること自体を自覚していないこともあり、自分からは支援を求めないことが一般的です。民生委員には、このような子どもの特性にも配慮しながら、公的制度による支援や地域で行われている活動による支援が受けられるように、対象になる子どもを把握し、支援につなぐ役割が期待されます。

1. 子どもの貧困とその影響
1 子どもの貧困は今と将来の両方に影響する

　子どもは皆可能性をもって生まれます。親をはじめ、さまざまな人の保護や支援を受け、見守られながら成長、発達し、未来に希望や夢をもちながら大人になります。しかし、その過程で経済的困窮状態に陥ると、適切な成長や発達が阻害されるとともに、将来への希望や夢やさまざまなチャンスの芽が摘まれてしまいます。子どもの貧困は、その子の「今」だけでなく、「将来」にも大きな影響を与えます。

2 さまざまな場面で起こる子どもの貧困

　貧困の程度や周囲の状況、親の考え方でも変わりますが、子どもの

貧困は、例えば次のような影響を与える可能性があります。

① 日常生活に必要な資源が不足する

・食費が乏しければ栄養が摂れなかったり偏ります。

・サイズの合わない衣類や季節に合わない衣類を着続けたり、合わない靴を履けば、非衛生的であり身体の成長が阻害されます。

・病院受診の抑制は、病気を見逃したり重篤化の危険があります。

・虫歯の治療ができなければ、栄養状態や発達に影響します。

② 学校での学習や課外活動に参加できない

・義務教育に対する就学援助制度はあるものの限定的です。そのため、修学旅行や部活動に制約を強いられる例があります。

③ 新しいことに触れたり自分の可能性を試す機会が乏しくなる

・スポーツや芸術などに触れる機会が乏しく、仮にそれらに触れて興味をもっても、費用のかかることはあきらめることになります。

・スポーツ少年団や習い事などへの参加は困難です。

④ 友達関係ができにくくなる

・例えば、草野球をするときグローブがなければ参加できません。

・友達と自転車で一緒に出かけることができません。

⑤ 学習意欲や学力があっても進学をあきらめることになる

・勉強に対する意欲があっても、塾などには行けません。

・成績が良くても、経済的理由で進学をあきらめることになります。

3 貧困は友達関係にも影響する

　貧困は子どもの友達関係の形成も難しくします。遊びに参加できない、行事に参加できない、一緒に出かけられない、といったことは、単に友達をつくる機会が減るだけでなく、時には仲間はずれやいじめにつながる場合もあります。

2. 子どもの貧困対策の推進に関する法律

1 法律の目的

　2013 年に制定された子どもの貧困対策の推進に関する法律は、子どもの貧困対策の目的を、「子どもの現在及び将来がその生まれ育った環境によって左右されることのないよう、全ての子どもが心身ともに健やかに育成され、及びその教育の機会均等が保障され、子ども一人一人が夢や希望を持つことができるようにするため」（第 1 条）としています。

2 法律の基本理念

　この法律の第 2 条では対策の基本理念を次のように規定しており、それぞれ示唆に富んでいます（以下の①から④は条文の要約）。

①社会のあらゆる分野で子どもの意見が尊重され、最善の利益が優先されなければならない

②子ども等に対する教育の支援、生活安定のための支援、就労の支援、経済的支援等の施策を、子ども等の生活及び取り巻く環境に応じて包括的かつ早期に講じなければならない

③子どもの貧困のさまざまな背景を踏まえなければならない

④関係機関が連携して総合的に取り組まなければならない

3 国の責任と子どもの貧困対策大綱

　この法律の第 3 条は、子どもの貧困対策は国および地方公共団体に責任があることを明確にしています。その実現に向け、国は「子供の貧困対策に関する大綱」を策定しています。同大綱のなかの対策の基本的な方針には、冒頭で「貧困の世代間連鎖の解消」が明記されています。なお、大綱の内容は内閣府のホームページで全文閲覧できます。

3. 子どもの貧困対策と民生委員の役割

■1 支援につなぐ役割

　民生委員には、地域のなかで貧困状態の子どもを把握し、適切な支援につなぐ役割が期待されます。その際のつなぐ機関については、あらかじめ民生委員協議会（民児協）等で確認しておく必要があります。また支援に際しては、児童福祉や生活支援の関係部署だけでなく、保健課（保健センター）、保育所、学校などとの連携も重要です。

■2 支援の際の留意点

①家族も支援対象と考える

　子どもの貧困は、子どもだけでなく世帯の問題であり、親に対する支援も不可欠です。親に病気や障害があったり、多額の債務があったり、複雑な家族構成等、さまざまな事情が想定されます。民生委員がすべてに対応するということではありませんが、子どもを支援するとともに、そのような環境を生み出している家族の状況が改善するように支援することも必要だということです。また、親を尊重することは子どもにも安心感を与えることにつながります。

②子どもの気持ちや特性を考慮する

　子どもは、自ら支援を求めない、状況を理解できないということがあります。その点に留意し、民生委員はネットワーク等を活かして支援が必要な子どもをなるべく早く把握できるとよいでしょう。

■3 子どもの貧困対策をしている地域福祉活動と連携・協働する

　地域では、子ども食堂や無料の学習塾（学習支援）等が行われています。これらの活動は食事の提供や学習の支援だけでなく、子どもに居場所を提供し、安心して本音を言い、困り事等を相談できる場にもなっています。民生委員は、これらの活動に参加したり、連携することで、地域の子どもの状況をより詳細に把握することができます。

生活保護制度の概要と活用

6 生活保護制度と民生委員に期待される役割

収入がなくなったときなどに利用できる制度として生活保護制度があることは知っていますが、そもそもどのような制度でしょうか。民生委員とはどのような関係がありますか。

生活保護の利用は、憲法で保障されている国民の権利です。誰でも健康で文化的な最低限度の生活を送れるように、国が保障する制度です。ところが、誤解や偏見、利用手続きの煩雑さなどにより、必要性があるにもかかわらず利用していない人が少なくありません。民生委員としては、生活保護制度の概要を知っておき、必要だと思われる人に制度を紹介したり、関係機関につないだりする役割や、生活保護制度を利用している人が地域のなかで安心して自分らしい生活を送れるように見守る役割が期待されます。

1. 生活保護制度の目的

生活保護法には次のように目的が明記されています。

（この法律の目的）
第1条　この法律は、日本国憲法第25条に規定する理念に基き、国が生活に困窮するすべての国民に対し、その困窮の程度に応じ、必要な保護を行い、その最低限度の生活を保障するとともに、その自立を助長することを目的とする。

ここから、生活保護には次の2つの目的があることがわかります。

■1 必要な保護を行い最低限度の生活を保障すること

第1条には「最低限度の生活」とだけ書かれていますが、ここでいう「最低限度の生活」とは、その前提条件として、憲法第25条の規定にある「健康で文化的な」観点からみたときに、その条件を満たす最低限度でなければならないということです。

■2 自立を助長すること

生活保護の目的には、金銭給付だけでなく、「自立を助長すること」も含まれています。ただし、これは「強引に働くように仕向けて生活保護の利用を停止すること」とは違います。その人の生活環境や心身の状態、家族状況などを考慮し、人としての尊厳と権利を守りながら、その人の可能性に目を向けてその人らしい社会生活を営むことができるように支援することが自立を助長するということです。

2. 生活保護制度の特徴と国民の関心

生活保護は全額が公費（税金）で賄われ、かつ現金の給付を中心にした制度です。そのため、納税者である国民の関心は高く、公平、公正な制度設計や運用が行われる必要があります。

制度の詳細は**問7**以下の各項目で述べますが、生活保護に関しては度々世間の「生活保護バッシング」が起きています。その多くは誤解や偏見に基づくものですが、少数とはいえ不適切な利用が全くないとはいえません。時にはマスコミが興味本位で生活保護にかかわる問題を取り上げ、あたかも生活保護制度が不要であるかのような論調が広がることさえあります。

このように、生活保護に対する国民の関心が高いことから、常に制度運用の見直しが行われていますが、そのことは一歩向かうべき方向を間違えると単なる利用の抑制（国民の権利の否定）につながる危険性をもっています。

3. 生活保護制度の利用と民生委員に期待される 2 つの役割

1 生活保護の事務の執行に協力する役割

生活保護法は民生委員の協力について次の通り規定しています。

(民生委員の協力)
第22条　民生委員法に定める民生委員は、この法律の施行について、市町村長、福祉事務所長又は社会福祉主事の事務の執行に協力するものとする。

現在の生活保護法（1950 年制定）ができる前の旧生活保護法（1946年制定）は、民生委員を生活保護の事務に直接関与する「補助機関」と位置づけていました。しかし、現在の民生委員は調査などの事務の執行に「協力する」と位置づけられています。実際に協力を依頼された場合のみ事務の執行に協力することになります。

2 必要な人が利用できるように支援する役割

困窮状態にありながら生活保護を利用していない人は少なくありません。利用するか否かは本人の自由ですし、近々収入が入る予定があるかもしれません。

いずれにしても、生活保護の利用を強制する必要はありませんが、内容を知らなかったり誤解していて利用していない人や、知っていても利用する意欲をなくしている人などに対しては、利用のための支援が必要とされます。その際には、民生委員には守秘義務があることを説明し、日々の暮らしが少しでも安定するように一緒に考えましょうという姿勢をもちながら、生活保護や生活の安定に役立つ制度の紹介や利用の支援ができるとよいでしょう。

また、生活保護を利用している人を継続的に見守り、声をかけたり相談にのる役割も期待されます。

7 生活保護の解釈や運用には 4つの原理がある

生活保護制度の解釈や運用は、どのような原理に基づいているのでしょうか。その内容を知ることは、民生委員活動とどのような関係がありますか。

 生活保護の解釈や運用は、生活保護法（以下「法」）第1条から第4条に明記されている原理に基づき行われます。その内容を知ることは、利用者の立場からみると、本来の趣旨と異なる解釈や運用が行われた場合には、改善を求める根拠になります。この4つの原理は生活保護の最も根幹となる考え方なので、民生委員は内容を正確に理解して、必要に応じて制度についての情報提供ができるとよいでしょう。

 1. 法で生活保護の解釈や運用の原理を4つ規定している

まず、法第5条の内容をみてみましょう。

（この法律の解釈及び運用）
第5条　前4条に規定するところは、この法律の基本原理であつて、この法律の解釈及び運用は、すべてこの原理に基いてされなければならない。

この規定の冒頭にある「前4条」というのは、法第1条から第4条を指しています。以下、原理の内容を理解するために各条文を紹介し、それぞれの条文が規定された背景や目的を解説します。

2. 4 つの原理

1 国家責任による保障の原理（第1条）

> 第1条　この法律は、日本国憲法第25条に規定する理念に基き、国が生活に困窮するすべての国民に対し、その困窮の程度に応じ、必要な保護を行い、その最低限度の生活を保障するとともに、その自立を助長することを目的とする。

　法第1条は法の目的とともに、生活保護の実施について民間や地方自治体任せにせず、国が最終的な責任をもつことを規定しています。

　生活保護を民間任せにしないことは当然ですが、地方自治体との関係でも国が責任をもつことを明確にしています。この意味は、たまたま住んでいる市町村の財政事情で生活保護の利用の有無が決まるとしたら不合理ですから、そのようなことが起こらないようにするためと考えればよいでしょう。ただし、実際には地方自治体間で窓口の対応や運用に違いが起きており、そのことは度々問題になっています。

　なお、後段にある「自立を助長すること」は見落とされがちですが、この点も生活保護の目的として重要なポイントです。

2 無差別平等の原理（第2条）

> 第2条　すべて国民は、この法律の定める要件を満たす限り、この法律による保護を、無差別平等に受けることができる。

　無差別平等とは、現に生活に困窮しているかどうかだけを制度適用の判断基準とし、その要件に該当すれば、誰でも平等に生活保護を適用するということです。かつての救済制度では、例えば「それまで真面目に働いてこなかった」「賭け事をして貯金がなくなった」といった、その人の素行や生活態度によって救済対象にならない場合があり

ましたが、生活保護ではそのような考え方はとらないということです。

また、当然ですが、その人の年齢や性別、出身地、社会的な身分、考え方等によって、差をつけることもありません。

なお、「平等」という意味は、すべて同じ金額や内容で生活保護を適用するということではありません。一人ひとり必要の度合いは異なるわけですから、それぞれの必要性に応じて保護をするということです。

3 健康で文化的な最低生活保障の原理（第3条）

> 第3条　この法律により保障される最低限度の生活は、健康で文化的な生活水準を維持することができるものでなければならない。

生活保護は憲法第25条の理念の実現が目的なので、憲法でいう「最低限度の生活」の内容として、「健康で文化的な生活水準を維持することができるもの」という具体的条件が法第3条で示されているということです。

もっとも、「何が健康で文化的か」ということは大変難しく、これまで度々裁判で争われてきました。ここでは詳細な説明は省きますが、少なくとも不健康な環境やその時代その地域の一般的生活水準から明らかにかけ離れた生活水準しか保障されないとすれば、それは法第3条が示した原理に反しているということになります。

4 保護の補足性の原理（第4条）

> 第4条　保護は、生活に困窮する者が、その利用し得る資産、能力その他あらゆるものを、その最低限度の生活の維持のために活用することを要件として行われる。
> 2　民法に定める扶養義務者の扶養及び他の法律に定める扶助は、すべてこの法律による保護に優先して行われるものとする。
> 　（第3項　略）

◆第1項：資産や能力の活用との関係の説明

　生活保護を利用するには、預貯金や証券、不動産、車、高価な絵画や骨董品などの資産や自分の（働く）能力などをまず活用する必要があり、それでも足りない部分を生活保護で対応しますということです。ただし、自宅や車の処分は個別の事情に応じて判断されます。

　また、心身とも支障がなく技術や知識や経験なども十分あり、就労できる可能性があるのに全く求職活動をしなければ能力を活用していないことになります。一方、求職活動をしても採用されない場合には、「能力を活用している」ことになるので保護を利用できます。

　なお、この資産や能力の活用の判断は、世帯単位で行われます。

◆第2項：扶養義務や他法による扶助との関係の説明

　前半は、民法の扶養義務（夫婦や親子間等）との関係の説明ですが、これは扶養義務者がいると生活保護は利用できないということではありません。現に扶養義務者が一定額の援助を送ってきた場合に、その金額をまず収入と認定し、それで足りない分を生活保護でカバーすると考えます。なお、扶養義務の扱いは絶えず課題になっています（**問15**、**問24** 参照）。

　後半は、他の法律による扶助（年金、手当、失業保険給付等）が受けられる場合、まずそれを活用したうえで保護の必要性を判断するということです。

8 生活保護の実施には 4 つの原則がある

生活保護の実施上の原則にはどのようなものがあるのでしょうか。その内容を知ることは、民生委員活動とどのような関係がありますか。

生活保護は国民の最低限度の生活を保障するための重要な制度であり、財源をすべて税金で賄うことから、厳密な運用のルールも必要とされます。そこで、生活保護法では、保護の実施上の 4 つの原則が規定されています。これらの内容はいずれも生活保護を利用するうえで必須の知識です。民生委員はその内容を正確に理解し、必要に応じて制度についての情報提供ができるとよいでしょう。

1. 法で保護の実施にかかわる 4 つの原則を規定している

生活保護法の第 2 章は「保護の原則」という名称で、第 7 条から第 10 条まであり、以下の 4 つの原則を規定しています。

2. 生活保護の実施上の 4 つの原則

1 申請保護の原則

> 第 7 条　保護は、要保護者、その扶養義務者又はその他の同居の親族の申請に基いて開始するものとする。但し、要保護者が急迫した状況にあるときは、保護の申請がなくても、必要な保護を行うことができる。

この規定は、申請保護の原則と呼ばれています。この原則が採用された理由は、生活保護制度が国民に保護を請求する権利を認めている

ため、国民からの請求に基づき保護を行うことが法の趣旨に沿うと考えられたからです。また、必要とする当事者自身による申請が困難な場合もあることから、扶養義務者などによる請求も認めています。

一方では、緊急に利用の必要性があるにもかかわらず、本人が申請できず、扶養義務者等がいない場合も考えられることから、必要な場合には、申請がなくても保護を開始できる規定も設けられています。この手続きは「職権保護」といい、福祉事務所の所長が自らの権限で行います。

❷ 基準及び程度の原則

> 第8条　保護は、厚生労働大臣の定める基準により測定した要保護者の需要を基とし、そのうち、その者の金銭又は物品で満たすことのできない不足分を補う程度において行うものとする。
> 2　前項の基準は、要保護者の年齢別、性別、世帯構成別、所在地域別その他保護の種類に応じて必要な事情を考慮した最低限度の生活の需要を満たすに十分なものであつて、且つ、これをこえないものでなければならない。

◆第1項：基準の原則

ある人が最低限度の生活を営むために必要とする額を厚生労働大臣が算出し、その額と実際の収入額とを比較して、収入額のほうが少なければ、基準額との差額分が保護の額になるということです。つまり保護の額の算定には、基準となる額があるということです。なお、後述する「程度の原則」により、その額は世帯により異なります。

◆第2項：程度の原則

生活保護の適用の判断のもとになる基準額を決める際には、その世帯員の年齢や世帯構成や住んでいる地域を考慮する（世帯によって額

保護の判断・額の算出における基準額と収入額の関係

基準額（例）10万円		

Aさん	収入なし（0円）※10万円の利用が可能	

Bさん	収入5万円	※5万円の利用が可能

Cさん	収入11万円　※収入のほうが多いので利用できない	

(注) 上記の場合でも、AさんやBさんに貯金や不動産などがあると、保護の補足性の原理（**問7**）により利用できない場合もあります。逆に、Cさんの収入が労働による場合は、収入から一定額が控除される（引かれる）ので、利用できる場合もあります。

が異なる）ということを示しています。また、その基準は、「最低限度の生活の需要を満たすに十分なもの」でなければならないことも規定しています。

3 必要即応の原則

> 第9条　保護は、要保護者の年齢別、性別、健康状態等その個人又は世帯の実際の必要の相違を考慮して、有効且つ適切に行うものとする。

　この規定は、それぞれの世帯の必要とする内容に応じ、一律ではなく、その「相違を考慮して」行うことを規定したものです。例えば、必要に応じて、障害者加算や一時扶助（アパート更新料や住宅の修理費、入学準備金等臨時に必要な費用）の加算などが行われます。

4 世帯単位の原則

> 第10条　保護は、世帯を単位としてその要否及び程度を定めるもの
> とする。但し、これによりがたいときは、個人を単位として定める
> ことができる。

　世帯とは、住む場所と生計を一つにしている集団をいい、通常、私
たちは世帯を単位として生活をしています。この世帯という基本的単
位で保護が行われるということです。言い換えれば、世帯を一人ひと
りバラバラにして個別に保護をすることはないということです。

　なお、例外的に、生活保護世帯の子どもが大学進学を希望する場合
等に行われる、世帯分離という手続きがあります。

9 申請の担当機関と手続き

生活保護を利用したい場合、どこの機関に相談に行き、どのような手続きをすればよいのでしょうか。

生活保護の申請や相談の担当機関は福祉事務所です。原則として、最寄りの福祉事務所で相談してください。通常、利用案内やパンフレット等が置いてあり、必要な申請手続きについて教えてくれます。

1. 相談や申請の担当は福祉事務所

生活保護の担当は現在住んでいる地域を管轄する福祉事務所ですが、住んでいる自治体により以下のように異なります。

1 市に住んでいる人（住所が○○市の人）

市は必ず福祉事務所を設置しているので、利用したい場合は地元の福祉事務所に行くことになります。住所が区にある人も同様です。

2 町や村に住んでいる人

自分の住んでいる町や村を所管する福祉事務所（都道府県が設置しています）が担当になります（例外的に、一部の町や村は独自に福祉事務所を設置しています）。なお、福祉事務所を独自に設置していない町や村でも、生活保護の利用手続きの相談にのってくれますし、申請書を提出することもできます。ただし、この場合、町や村は申請書の提出を経由するだけなので、申請後の調査や決定などは町や村ではなく都道府県の福祉事務所が行います。

2. 申請の前に相談することも大事

　生活保護の利用を希望する場合、申請の前に一度福祉事務所の窓口で相談するとよいでしょう。申請書がもらえ、準備する書類なども教えてくれるので、相談することで後々の手続きがスムーズに進みます。

　ただし、事前相談は申請者の義務ではないので、申請書だけもらって、後は自分で必要な書類を準備して申請することも可能です。

　また、次の **3** で記述する提出書類が完全に揃っていないと申請が受け付けられないということはありません。申請書を受け付けてもらい、後から不足している書類を出すことも認められます。

3. 申請の際に提出が求められる書類

　申請書に記載する事項や添付する書類は次の通りですが、特別の事情がある場合には、これらの提出が免除されることもあります。

① 申請書に記載する事項

　申請には申請者による意思表示が必要ですが、通常これは申請書により行われます。申請書には、住所（居所）及び氏名、家族の状況、保護を申請する理由、資産及び収入の状況（就労の状況、扶養の状況、他法による扶助の利用状況を含む）などを記入します。

② 申請書に添付する書類

　保護の要否、種類、程度などを検討するために、必要な書類（写しを含む）の添付を求められます。主に次のようなものがありますが、世帯の状況、事情により異なります。

　　・貯金通帳（直前に記帳）　・年金手帳・証書　・生命保険の証書
　　・給与明細（直近3か月）　・土地や建物の権利書や登記簿
　　・（国民）健康保険証　・運転免許証　・障害者手帳など

⑩ 生活保護の利用条件に関する誤解を解く

生活保護の利用に一定の条件があるということはわかりますが、なかには間違って伝わっていることもあると聞きました。正確なことを教えてください。

生活保護に関しては多くの誤解があります。そのために、本来利用できるはずの人が間違った思い込みなどによって利用できていない場合があります。民生委員には、生活保護制度に関する正しい情報を提供することで、利用を支援する役割が期待されます。

間違った情報や思い込みによって、生活保護の利用をあきらめる人がいます。また、本来あってはならないことですが、生活保護の相談窓口で正確かつ十分な説明をせず、結果的に生活保護の利用の抑制につながっている事例も散見されます。

生活保護は税金をもとに運営される制度ですから、利用に一定のルールがあることは当然ですが、本来利用できるはずの人が間違った情報や必要な情報が得られないために利用できないとしたら大きな問題です。

そこで、ここでは利用条件に関して誤解の多い事項を中心に正しい説明をします。

1 収入があっても一定額以下なら利用できる

「生活保護を利用できるのは無収入の人だけ」というのは誤解です。「基準及び程度の原則」（**問8**参照）により、収入があってもその金

29

額が一定額以下なら、その差額について生活保護の利用が可能です。

　なお、収入が勤労収入の場合には勤労控除があることに注意してください。働くと支出も増えるので、そのための必要な経費（交通費等）、さらにそれに加えて、一定額が一律に控除できる（収入とみなされない）ということです。

　以下、具体的な例で説明します（金額はあくまでも仮のものです）。

> 基準額が10万円、勤労収入が11万円、勤労控除額が2万円の場合。
> ⇒計算式は、　10万円－（11万円－2万円）＝1万円
> この場合、生活保護の利用可能額は1万円ということです。

　なお、年金の場合は控除という考え方はなく、全額が収入として扱われます。上記の例でいえば、年金収入が11万円あれば基準額の10万円より多いので、生活保護は利用できないということです。

② 住所がなくても利用でき、施設に入る義務もない

　何らかの事情で公園や河川敷等で暮らしている人もいますが、このような人たちが生活保護の利用を申請した場合、「住所がない人は生活保護を利用できない」と窓口で門前払いされる事例が散見されます。しかし、生活保護の利用は国民の権利ですから、このような扱いは間違いです。生活保護は住所がなくても利用できます。

　住所が登録されていない場合は現在地の福祉事務所が担当になるので、通常はその人が生活保護のことで最初に相談に訪れた福祉事務所が担当することになります。

　なお、「住所のない人が生活保護を利用する場合、施設に入所することが義務づけられている」というような決まりもありません。

③ 借金があっても利用できる。保護費は差し押さえされない

　借金の有無は、生活保護の利用とは直接関係ありません。現に収入

額が保護基準以下であれば、生活保護は利用可能です。ただし、生活保護は最低限度の生活を維持するためのものであり、そもそも、返済の余裕が出ないはずなので、借金返済の費用に充当すること自体を目的に生活保護を利用することは、想定されていません。

　また、生活保護の最低限度の生活を保障するための費用が被保護者から流出しないよう、消費者金融などお金を貸した側が生活保護費を差し押さえることは法律で禁止されています。

　なお、生活保護を利用したからといって借金の返済義務そのものが消滅するわけではないので、なるべく早い段階で福祉事務所や法テラス（日本司法支援センター）等に相談して、借金（債務）の整理を考えるべきでしょう。

4 すべての財産を処分しなくても利用できる

　「保護の補足性の原理」（**問7**参照）により、生活保護を利用する場合、自分の資産を最大限活用することが条件になっています。ただし、これは、あらゆる持ち物を処分して現金化し、生活費に回す義務が課されるということではありません。例えば、洋服や日用品等は日常生活に必要ですし、処分価値は低いことからそもそも処分の必要はありません。

　一方、例えば、絵画や壺や高級腕時計など、一定の価値があり、生活必需品ではないものは処分（現金に換えること）が優先されます。

　では、家の場合はどうでしょうか。はっきりしているのは、住んでいない土地や家があれば、その活用（貸す、売る）が求められるということです。一方、現に本人や家族が住んでいる場合は、処分価値が利用価値に比べて著しく大きい場合に処分（現金化）が求められます。例えば、建物が新しく多くの部屋数があるような高級一戸建て住宅であれば、現に住んでいても処分を求められる可能性が高いでしょう。

車の場合は、原則として処分を求められますが、例えば、通院や通勤に不可欠で周辺にバスなどの公共交通機関が全くないような不便な場所に住んでいる場合や、障害者で通勤に不可欠などの事情があれば、保有が認められることがあります。

5 働く能力がある場合、実情に応じて判断される

障害や病気など何らかの理由で、働きたくても働くことが難しい人がいます。このような人は申請すれば生活保護が利用可能です。

では、心身とも健康で働く能力がある人の場合はどうでしょうか。この場合、働く能力がある人は一律に利用できないということではなく、実情に応じて利用の可否が決まります。

例えば、働く意思があり求職活動をしていても、求人がなかったり、求人があり採用試験に申し込んだものの、試験を受けられなかったり、試験を受けることはできたものの不採用だった場合などは、生活保護は利用可能です。一方、本人が働こうと思えば、すぐにでも働くことができる状況があるにもかかわらず、本人が全く働こうとしなければ「能力を活用していない」ということで生活保護の対象外になることが考えられます。ただし、一見働けそうにみえても、精神面の不調などで働けないこともあるわけですから、その点では、一律の基準によって機械的に判断するのではなく、それぞれの人の状態に応じて十分慎重な判断が求められます。

なお、これまで長期にわたって失職していたり、就労経験が乏しい等の理由で、すぐに通常の就労が難しい場合、本人の特性を踏まえて本人の気持ちに寄り添いながら、就労に向けた生活習慣の形成や基礎的な技能の習得等の支援を行う被保護者就労準備支援事業という制度もあります。

11 生活保護の決定手続きとその結果に異議があるときの手続き

申請した後、生活保護の利用の決定手続きはどのように進むのでしょうか。もし結果に納得できないときは、異議申し立てなどはできますか。

POINT 保護の申請後、福祉事務所は必要な調査を行い、原則として14日以内に生活保護の利用の可否を決定して申請者に通知します。もし、この決定に納得できなければ、申請者は異議を申し立てる権利があります。

答え

1. 申請受理後に行われる調査

　　　申請を受け付けた福祉事務所は、生活保護の利用の可否を決定するために家庭訪問を実施するとともに、**問9の3**で述べた「申請の際に提出が求められる書類」の内容を確認したり、金融機関などに照会をしながら、生活保護適用の要件に該当するか否か調査します。

　具体的には、現に最低限度の生活を維持できない状態にあるか、活用できる資産等は全部活用しているか、働ける場合は働いているまたは求職活動をしているか、他に活用可能な社会保障給付などはないか、等が焦点になります。

　福祉事務所はこれらを検討したうえで、利用の可否、利用対象になる場合はその内容（扶助の種類）や程度（金額）などを決定します。

2. 決定までの期間

　申請を受け付けた福祉事務所は、申請を受け付けた日から14日以内に回答することが原則ですが、調査に時間がかかるなどの特別の事

情がある場合は 30 日まで決定期間を延長することができます。

3. 決定通知の内容

　生活保護の決定は文書（決定通知書）で示されます。そこには、保護が利用できるかどうか（可否）、利用できる場合の保護の種類とその金額、そしてそれらの判断理由が記されています。なお、30 日以内に通知がない場合、申請者は「福祉事務所は申請を却下した」とみなすことができることになっています。

4. 決定に納得できないときの対応方法

1 説明を求める

　申請を却下されたなど、決定に納得できないときは、まずは決定通知書にある判断理由を読んだうえで、少しでも疑問やわからないことがあるときは遠慮なく説明を求めるとよいでしょう。

2 審査請求手続きをする

　生活保護の利用は国民の基本的権利であることから、決定に納得できないときは、都道府県知事に対して審査請求をする権利が法律で認められています。これは、いったん利用を始めた人の生活保護が停止や廃止された場合なども同様です。そして、この審査請求の結果（これを「裁決」といいます）に納得できないときは、さらに厚生労働大臣に再審査請求することができます。

3 訴訟を起こす

　上記の 2 の裁決に納得できないときは、訴訟を提起する（裁判を起こす）ことができます。ただし、訴訟は審査請求に対する裁決が出た後でなければ提起することができません。つまり、審査請求をせずにいきなり訴訟は提起できないということです。なお、審査請求や訴訟を提起できる期間は限られているので注意が必要です。

⑫ 扶助の方法と種類

生活保護の扶助はどのような方法で行われますか。また、どのような種類の扶助がありますか。

 POINT 生活保護の扶助の方法は原則として金銭給付ですが、医療と介護の扶助は金銭ではなく医療や介護サービスそのものを提供する現物給付で行われます。扶助の種類は全部で8つあり、その世帯の必要に応じて1つあるいは複数の扶助が適用されます。

答え 1. 扶助の原則は金銭給付だが医療と介護は現物給付

　生活保護法第31条は「生活扶助は、金銭給付によって行うものとする。但し、これによることができないとき、これによることが適当でないとき、その他保護の目的を達するために必要があるときは、現物給付によって行うことができる」と定めています。住宅、教育、出産、生業、葬祭の各扶助も同様に規定されており、生活保護の扶助は原則として金銭給付で行うことになっています。

　一方、同法第34条第1項で「医療扶助は、現物給付によって行うものとする。但し、これによることができないとき、これによることが適当でないとき、その他保護の目的を達するために必要があるときは、金銭給付によって行うことができる」と定めています。介護扶助も同様に規定されており、この2つの扶助は現物給付が原則になっています。

　なお、ここでいう「現物」とは「形があり目に見える物体」だけで

なく、「医療や介護等のサービスや特定の行為」も含むことに注意してください。

2. 扶助の種類

　生活保護の扶助の種類には次の8つがあり、その世帯の必要に応じて1つまたは複数の扶助が適用されます。なお、実際に給付される金額は住んでいる地域や年齢、また世帯の構成人数等により異なります。

扶助	費用の性格	支給される費用等の内容
生活扶助	日常生活に必要な費用（食費・被服費・光熱水費等）	基準額は次の①＋②で算出する。 ①食費等の個人的費用 ②光熱水費等の世帯共通費用 ※障害者のいる世帯や母子家庭等の特定の世帯には加算がある。
住宅扶助	アパートの家賃や補修費	基準額の範囲内で家賃等実費を支給。持ち家の補修費も対象になる。
教育扶助	義務教育を受けるために必要な費用	学用品費、学級費やPTA会費、給食費、教材費（副読本、ワークブック、楽器等）等が基準額の範囲または実費で支払われる。
医療扶助	医療サービスの利用に必要な費用	指定された医療機関で受ける診察、治療、手術、薬剤、入院費等が対象。費用は直接医療機関へ支払われる。
介護扶助※	介護サービスの利用に必要な費用	介護サービスの利用に伴う自己負担分が直接介護事業者へ支払われる。
出産扶助	出産に必要な費用	分娩の場所ごとにある基準額の範囲内で実費支給。ただし、病院での出産は児童福祉法の入院助産を優先する。
生業扶助	生業や就労に必要な費用	事業を始める費用、技能修得のための費用、高等学校等就学費、就職の支度費を基準額の範囲内で実費支給。
葬祭扶助	葬祭に必要な費用	火葬や遺体の運搬や納骨などの葬祭のためにかかる費用を基準額の範囲内で実費支給。

※介護保険の保険料は生活扶助に加算して支給される

13 事情によっては生活保護施設に 入所する人もいる

生活保護の利用者のための施設があると聞きましたが、それはどのような施設でしょうか。利用条件などはどうなっていますか。

POINT 生活保護は制度を活用しながら自宅で暮らす居宅保護の原則がありますが、一方で、さまざまな事情から自宅で生活することが困難な人のための入所施設も用意されています。

答え
1. 生活保護の原則は居宅保護

生活保護法第30条第1項には「生活扶助の方法」が規定されています。

（生活扶助の方法）

第30条 生活扶助は、被保護者の居宅において行うものとする。ただし、これによることができないとき、これによっては保護の目的を達しがたいとき、又は被保護者が希望したときは、被保護者を救護施設、更生施設、日常生活支援住居施設若しくはその他の適当な施設に入所させ、若しくはこれらの施設に入所を委託し、又は私人の家庭に養護を委託して行うことができる。

このように「生活扶助は、被保護者の居宅において行う」原則があり、現に多くの生活保護利用者はアパート等で生活をしながら生活保護を利用しています。ただし、障害があったり生活の自己管理が極めて困難などの事情がある場合には、施設を利用する人がいます。

2. 居宅での生活が難しい場合は施設を利用する

🔳 施設の種類

　前記の生活保護法第30条第1項のただし書きでは、居宅では保護の目的を達しがたいときや被保護者が希望したときは施設を利用することがあることを規定していますが、施設には次の種類があります。

施設の種類	目　的
救護施設	身体上または精神上著しい障害があるために日常生活を営むことが困難な要保護者に対し生活扶助を行う
更生施設	身体上または精神上の理由により養護及び生活指導が必要な要保護者に対し生活扶助を行う
医療保護施設	医療の必要な要保護者に対し医療の給付を行う
授産施設	身体上もしくは精神上の理由または世帯の事情により就業能力の限られている要保護者に対し就労や技能修得のための機会や便宜を提供して自立を助長する
宿所提供施設	住居のない要保護者の世帯に対し住宅扶助を行う

🔳 施設利用における注意点

　例えば、ホームレスの人が生活保護を申請すると「必ず施設に入らなければならない」という間違った思い込みが一部にあります。法第30条第2項にも、第1項のただし書きに関して「被保護者の意に反して、入所又は養護を強制することができるものと解釈してはならない」とわざわざ明記されています。居宅保護を原則にしながら、個々の事情や必要性や希望に応じて施設を利用する場合もあるということです。

14 生活保護が停止されたり廃止される場合

生活保護を利用していた人が最近利用できなくなったという話を聞きました。生活保護はどのような場合に利用できなくなるのでしょうか。

生活保護の必要がなくなったと判断される場合には、生活保護が停止される場合と廃止される場合があります。また、福祉事務所の指示に従わない場合も同様の措置があります。ただし、これらが安易に行われると要保護者の生活が危機に陥る可能性が高いことから、その手続きは厳格に定められており、慎重な運用が求められています。

答え

1. 不利益変更の禁止

　　生活保護法（以下「法」）第56条は「被保護者は、正当な理由がなければ、既に決定された保護を、不利益に変更されることがない」と規定しています。

　当たり前のことですが、「正当な理由」がない限り、いったん権利として獲得した生活保護を利用する権利は、停止や廃止などの不利益変更をされることはないということです。

　そこで、次に記述するように「正当な理由」とは何かということが重要になります。

2. 保護の停止や廃止の根拠となる正当な理由は4つある

1 保護を必要としなくなった場合

　法第26条は、「被保護者が保護を必要としなくなったときは、速や

かに、保護の停止又は廃止を決定し、書面をもって、これを被保護者に通知しなければならない」と規定しています。

　保護を必要としないということは、例えば、収入が基準額を上回っているということです。ただし、このような場合、その収入が臨時的あるいは不安定だとまたいつ収入がなくなるかわからないので、生活保護の利用に関しては、まずは廃止ではなく停止が行われます。その後、収入が安定し、確実な見込みがあれば廃止されます。

❷ 虚偽報告や調査拒否などをした場合

　法第 28 条第 5 項では、要保護者が次の①から④のような行動をとった場合、保護の申請を却下したり、保護の変更、停止、廃止ができると規定しています。

　　①福祉事務所が求めた資産や収入状況等の報告をしないとき
　　②上記①に関して虚偽の報告をしたとき
　　③立ち入り調査を拒んだり妨げたり忌避したとき
　　④医師や歯科医師の健診を受けるべき旨の命令に従わないとき

❸ 指導や指示に従わない場合

　法第 62 条第 1 項には、被保護者が福祉事務所の指導または指示等に従う義務が規定されています。もし従わないときは「保護の変更、停止又は廃止」(法第 62 条第 3 項) が行われることがあります。

❹ 施設の管理規定に従わない場合

　法第 62 条第 2 項には、保護施設を利用する場合の施設の管理規定に従う義務が規定されています。もし従わないときは、「保護の変更、停止又は廃止」(法第 62 条第 3 項) が行われることがあります。

15 生活保護の利用をめぐるさまざまな課題

生活保護の利用に関してさまざまな課題があると聞きますが、具体的にどのようなことがあるのでしょうか。

POINT 誰もが生活保護を適切に利用して、健康で文化的な最低限度の生活を送る権利があります。ところが、現実には利用できるはずの人が利用できていないという問題があります。その原因には、生活保護に対する周囲の偏見や行政の不適切な対応などが考えられます。民生委員は、もしこれらのことが原因で生活保護の利用が抑制されている場合には、適切に利用できるように支援する役割が期待されます。

答え 　生活保護に関する課題というと、いわゆる「不正利用」のことかと思われるかもしれませんが、そのことはここでは触れません。なぜなら、「不正利用」はごく一部の話であり、そもそも民生委員は「監視役」ではないからです。

　民生委員に期待される役割は、利用条件を満たしている人が、生活保護を利用することで生活が安定したり平穏になるだろうと思われるのに現実には利用していない場合に、利用できるように支援することです。もちろん利用は強制できませんが、拒否する場合でも、本音では利用したいと思いながら躊躇していることも少なくありません。

　以下、生活保護の利用を躊躇させたり阻んでいる課題について記述します。

1. 利用をためらわせる周囲の意識や偏見

　生活保護を利用できることがわかっていても、周囲の目を気にして利用をためらう人は少なくありません。

　その理由は、その人の人生観などが関係している場合もあり、一概にいえませんが、多くの場合、生活保護の利用者に対する社会の偏見が影響しています。例えば、ごく一部の不適切な利用の事例を取り上げ、あたかも生活保護の利用者が皆そうであるかのように書き立てる記事があります。そのため「自分も同じようにみられたくない」という気持ちから、生活保護の利用をためらっている人がいます。また、「生活に困っても生活保護（お国）の世話にだけはなりたくない」と語る人もいます。

　生活保護の利用は国民の権利であり、恥ずべきことでも遠慮すべきことでもありません。条件を満たしている限り、遠慮や躊躇する必要がないことを当事者に伝えるとともに、周囲の正しい理解を求める役割が民生委員に期待されます。

2. 利用条件に関する誤解による利用の抑制

　問10で記述したように、生活保護の利用条件に関しては多くの誤解があり、そのほとんどは、利用できる人が利用できなくなってしまう内容です。

　この誤解のために、最初から利用をあきらめ、相談すらしない人がいます。また、次に述べるように、利用を希望して相談に行ったときに、福祉事務所の窓口で不適切な対応をされたり不十分な説明しか受けなかったことで利用する気や意欲を失くす人もいます。

3. 福祉事務所の対応の問題点

　生活保護担当の職員のほとんどは国民生活の安心や安定のために日々奮闘しています。しかし、一部ではあるものの、間違った説明や

不適切な対応をすることで、結果的に生活保護の利用を抑制している
事実もあります。

1 窓口での間違った説明による対応

問10で記述した誤解のなかには、福祉事務所の職員の無理解から
そのように説明することがあります。当然、間違っているわけですが、
相談者に知識がないと「そうなのか」と思い込み、そこで利用をあき
らめてしまいます。このような間違った説明で利用抑制が起こらない
ように、利用を支援する団体の関係者が福祉事務所への相談や申請に
同行している例もあります。

2 間違った説明の内容（例）

すでに各問のなかで正しい内容を説明してきましたが、以下のよう
な間違った説明がされることがあります。

> ×住所のない人が最寄りの福祉事務所に行ったら「昔住所のあった市
> に行くよう」言われた⇒最寄りの福祉事務所で申請可能（問10）
> ×窓口で「本日書類が整っていないので申請できません」と言われた
> ⇒申請をしたうえで必要な書類があれば後から提出すればよい
> ×「借金がある」「若い」「働ける」「車を所有している」「持ち家があ
> る」⇒これらの理由だけで申請できないことはない

3 親族への扶養照会は事情を考慮して行うかどうか決まる

両親や子ども、兄弟姉妹への扶養照会は、例えば、事情があって長
年全く連絡をとっていない子どもにまで「あなたの親が生活保護の相
談に来ました、援助できますか」と必ず聞くということではありませ
ん。本来、十分に事情を勘案して行うべきことであり、厚生労働大臣
も扶養照会は義務ではないことを明言しています。しかし、一部の窓
口で、これが義務であるかのように説明され、親族に知られたくない、

迷惑をかけたくないということで、利用をあきらめてしまう人がいます（**問 24** 参照）。

4. 福祉事務所の人員体制の問題

　生活保護を担当する福祉事務所の職員の多くが多忙を極めています。だからといって、前述のような不適切な対応が正当化されないことは当然ですが、一人の職員がさまざまな事情を抱えている多くの生活保護世帯の支援を行っているため、それぞれの世帯の実情に応じた支援を継続的に丁寧に行いたいと思っても、それが十分行えない現実があります。

　また、人事異動が多く、専門性が蓄積されない、職場内での連携やバックアップ体制が十分ではないといった問題もあります。

　これらの問題は、職員個々の問題というよりも、行政全体で生活保護の重要性をどのように位置づけ、そのうえで、それに相応しい職員体制や専門性の向上の仕組みなどをどのように構築するかという問題であり、国や自治体の考え方が問われます。

生活困窮者自立支援制度の概要と活用

16 生活困窮者自立支援制度と 民生委員に期待される役割

生活困窮者自立支援制度という名称を初めて聞きますが、生活保護制度とはどこが違うのでしょうか。民生委員とはどのような関係がありますか。

生活困窮者自立支援制度（以下「自立支援制度」）は、生活保護の利用が必要となる前の段階の人を対象として、包括的な支援を行うことで自立の促進を図る制度です。民生委員には、制度の概要を理解し、生活に困窮している人を把握した場合に、自立支援制度の概要を紹介したり関係機関につなぐ役割、さらに自立支援制度の利用者を見守る役割などが期待されます。

1. 自立支援制度の中核となる生活困窮者自立支援法の概要

　生活困窮者自立支援法（以下「自立支援法」）は、2013 年 12 月に成立し 2015 年 4 月に施行され、その後、2018 年に見直しが行われました。法の概要は次の通りです。

1 生活困窮者の定義

　自立支援制度の支援対象になる生活困窮者は、次のように定義されています（自立支援法第 3 条第 1 項）。

（定義）
第3条　この法律において「生活困窮者」とは、就労の状況、心身の状況、地域社会との関係性その他の事情により、現に経済的に困窮し、最低限度の生活を維持することができなくなるおそれのある者をいう。

生活保護制度と自立支援制度の対象者は、下表の通り異なります。

制度	生活保護制度	生活困窮者自立支援制度
対象者	現に最低限度の生活が維持できない人	左記の状態になるおそれがある人

２ 支援の基本理念

生活困窮者に対する自立支援の基本理念は、次のように定められています（自立支援法第2条第1項）。

（基本理念）
第2条　生活困窮者に対する自立の支援は、生活困窮者の尊厳の保持を図りつつ、生活困窮者の就労の状況、心身の状況、地域社会からの孤立の状況その他の状況に応じて、包括的かつ早期に行われなければならない。

前述の生活困窮者の定義（自立支援法第3条第1項）では、生活困窮の背景として、就労や心身の状況に加え、「地域社会との関係性その他の事情」にも言及しています。

この点を踏まえ、自立支援の基本理念においても、「地域社会からの孤立の状況その他の状況に応じて」支援することが明確にされているということです。つまり、この事業は経済的事情のみに着目して支援を行う事業ではないということです。また、「生活困窮者の尊厳の

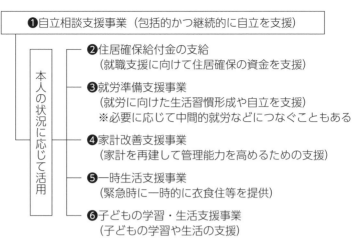

❶自立相談支援事業（包括的かつ継続的に自立を支援）

本人の状況に応じて活用

❷住居確保給付金の支給
（就職支援に向けて住居確保の資金を支援）

❸就労準備支援事業
（就労に向けた生活習慣形成や自立を支援）
※必要に応じて中間的就労などにつなぐこともある

❹家計改善支援事業
（家計を再建して管理能力を高めるための支援）

❺一時生活支援事業
（緊急時に一時的に衣食住等を提供）

❻子どもの学習・生活支援事業
（子どもの学習や生活の支援）

❶❷は実施義務がある事業です。❸❹は実施努力義務がある事業です。
❺❻は実施が任意の事業です。

保持」を大切にすることや、支援にあたっては「包括的かつ早期」に行うことなども大切なポイントです。

3 事業の内容

　自立支援法で定める事業には上図の6事業があります。なお、この他に「その他の生活困窮者の自立の促進を図るために必要な事業」を行うことができることが法に規定されています。これを受けて、民生委員も参画して自治会やボランティアなどと連携しながら生活困窮者の自立のための活動を行っている例もあります。

4 実施体制

　実施主体は福祉事務所設置自治体です。市は必ず福祉事務所を設置しますが、町村部は都道府県が設置する福祉事務所が担当します。ただし、ごく一部の町村では福祉事務所を独自で設置しています。なお、事業の全部または一部を社会福祉協議会などに委託することが可能です。

2. 生活困窮者の自立支援に必要なつながりの構築

　自立支援法の制定に向けて国が設置した「生活困窮者の生活支援の在り方に関する特別部会」の報告書（2013年1月）には、次のような記述があります。

> **＜つながりの再構築＞**
> 　生活困窮者が孤立化し自分に価値を見出せないでいる限り、主体的な参加へ向かうことは難しい。一人一人が社会とのつながりを強め周囲から承認されているという実感を得ることができることは、自立に向けて足を踏み出すための条件である。新たな生活支援体系は、地域社会の住民をはじめとする様々な人々と資源を束ね、孤立している人々が地域社会の一員として尊ばれ、多様なつながりを再生・創造できることを目指す。そのつながりこそ人々の主体的な参加を可能にし、その基盤となる。

　ここに書かれているように、生活困窮者の自立には地域社会とのつながりが必要不可欠です。これは民生委員の役割を考えるうえでも重要な視点といえます。

3. 生活困窮者の自立支援に向けて民生委員に期待される役割

　先にあげた各事業は自治体や委託を受けた専門機関が行いますが、生活困窮者が地域から孤立していれば制度に関する情報を周囲から得にくく、また、生活意欲などが低下していれば、なかなか支援策の利用に結びつきません。地域の人たちとのつながりは、自立の意欲や支援策を活用しようという意欲を高めるうえで不可欠です。

　このように地域とつながりをもつことが生活困窮者の自立支援には欠かせないことから、民生委員には、生活困窮者に対する声かけや近隣住民等との接点づくり、支援策の紹介や利用のための支援などの役割が期待されます。

第**3**章 ⑯ 生活困窮者自立支援制度と民生委員に期待される役割

17 包括的・継続的に自立を支援する「自立相談支援事業」

生活困窮者自立支援制度のなかで、自立相談支援事業は要となる事業だということですが、具体的にどのような役割をもっているのでしょうか。

自立相談支援事業は、包括的な相談支援を目指す生活困窮者自立支援制度の中核的事業です。就労の支援やその他の自立に関する問題全般の相談に応じ、その人に必要な支援が包括的・継続的に行われるように自立支援計画を策定して、生活困窮者を支援する事業です。

答え 1. 自立相談支援事業の実施機関と体制

　　福祉事務所設置自治体が自立相談支援機関を設置して事業を行いますが、社会福祉協議会や他の社会福祉法人等への委託も可能です。また、主任相談支援員、相談支援員、就労支援員の３職種の配置が義務づけられていますが、小規模自治体などでは兼務の場合もあります。

2. 自立相談支援事業の内容

　自立相談支援事業では次の３つの事業を行います。

■1 生活困窮者や家族、関係者からの相談に応じ、自立のための情報提供や助言、関係機関との連絡調整等を行う事業

　この事業は、生活困窮者の発見や把握という、包括的な支援のなかでいわば「入口」にあたる事業です。実施にあたっては、生活困窮者を限定的にとらえず幅広く受け止め、仮に相談内容が生活困窮者自立

支援制度の対象外であっても、他の制度や機関を紹介するなど、柔軟な対応が期待されています。

2 認定生活困窮者就労訓練事業の利用をあっせんする事業

　生活困窮者自立支援制度のなかで、就労の名称がついた事業としては**問19**で紹介する就労準備支援事業もあり、これは就労そのものではなく就労に向けた準備として生活習慣の形成などを支援します。

　一方、自立相談支援事業であっせんする認定生活困窮者就労訓練事業は、訓練や教育や健康管理なども並行して行いながら就労の場を提供する事業です。その事業者が一定条件に適合していると都道府県知事等が認定をします。つまり、自立相談支援事業では、必要な人に対し、認定を受けた信頼できる認定生活困窮者就労訓練事業者を紹介したり、利用できるようにあっせんするということです。

3 生活困窮者に対する支援が包括的・継続的に行われるための自立支援計画に基づく援助

　この支援では、次の項目を含む「自立支援計画」を策定します。

・生活困窮者の生活に対する意向

・生活困窮者の生活全般の解決すべき課題

・生活困窮者に対する支援の目標及びその達成時期

・支援の種類及び内容ならびに支援提供上の留意事項　　等

　計画の策定では、訪問等も行いながら生活困窮者の状況を的確に把握し、一人ひとりの希望と状況に応じた計画を策定します。その後、計画をもとに支援の実施状況や生活困窮者の状態を定期的に確認し、その状況を踏まえて、必要に応じて自立支援計画の見直しを行うことなども相談支援機関の行う支援事業に位置づけられています。また、支援にかかわる関係機関による支援会議も行われます。

18 就労に向けて住居を確保するための資金を支給する「住居確保給付金支給」

不景気で派遣の仕事がなくなり、アパートを出てネットカフェで寝泊まりしている人から「きちんと住まいを確保したい」と相談を受けました。このような人を支援する制度があれば教えてください。

POINT 住居が定まっていないと日々の生活が不安定になり、就職活動でも不利になります。そこで住居を確保し就職活動を後押しするために住居確保給付金を支給する事業（以下「給付金支給」）があります。支給を受けるためには、就職活動を誠実に行うことなどいくつかの条件があり、また期間の上限があらかじめ決まっています。

答え

1. 利用対象者の条件

次の①または②の該当者で、住居を喪失したり喪失するおそれのある人で、世帯収入（給与・手当・年金等の合計額）や預貯金の額が一定以下の人が対象になります。

①過去2年以内に離職や自営業を廃業した人

②自分の都合や自分に責任がないにもかかわらず就業機会が減り、収入が減少して①の人と同程度に経済的に困窮している人

2. 誠実かつ熱心に就職活動をすることが支給の条件

給付金を支給する趣旨は、「住居確保の費用は行政が支援するので、その点は安心して就職活動を頑張ってください」ということです。そのため、給付を受けるためには誠実かつ熱心に就職活動をする必要があります。例えば、上記**1**の①の該当者の場合、ハローワーク（公

共職業安定所）に求職登録の手続きをし、定期的に相談をするなどの条件があります。

3. 実施機関

　給付金支給の審査や決定、支給事務は実施主体である福祉事務所設置自治体が行いますが、給付金の利用に関する相談や面接などは自立相談支援機関が行います。

　なお、支給される給付金は、利用する本人ではなく不動産業者や大家などの貸主に直接支払われます。

4. 給付金支給の内容

1 支給期間

　支給期間は3か月です。ただし、その間に就職できなかった人で、3か月の間、ハローワークでの相談を月2回以上受けたり、求人の出ている企業に応募したり面接を受けるなど、誠実かつ熱心に就職活動をした人は、申請をすれば3か月の延長が2回まで可能です。つまり、最長9か月支給を受けられるということです。

2 給付金額

　支給額は市町村や世帯人数によって異なります。その地域の生活保護制度の住宅扶助基準額（同じ地域でも世帯の人数により金額が異なる）を基準にして、その人の収入額を勘案した計算式によって支給額が決定します。ただし、実際の家賃額が上限になります。

　コロナ禍での特例的運用については**問29**を参照してください。

19 就労に向けた準備を支援する「就労準備支援事業」

「長い間全く働いていなかった息子が、『何とか仕事をしなければと思うけど、どうしたらいいかわからない』と最近話すようになったが、何か支援してもらうことはできないか」という相談を受けました。このような人を支援する制度があれば教えてください。

この相談のように、長い間就労していない人や、就労経験のない人がすぐに就職することは難しいでしょう。このような場合、まず基礎的な生活習慣や社会生活力を身につけたり、自尊感情を高めることが必要です。そのための支援をするのが就労準備支援事業です。

1. 利用対象者と目指す就労形態
1 利用対象者

将来的には一般就労が見込まれるものの、まずは就労に向けた生活習慣の形成や社会参加に必要な基礎的能力の形成が必要だと思われる人が対象です。

具体的には、ハローワークにおける職業紹介や職業訓練等ではただちに就職することが難しい、次のような人が利用者として想定されます。

・定時の起床や就寝、食事などの生活リズムの改善が必要な人
・周囲の人とのかかわりに不安があったりコミュニケーション能力などの社会参加能力が不足しており、その形成や改善が必要な人
・自尊感情や自己有用感を喪失している人　等

2 一般就労を目指す

本事業の利用者は、まずはこの就労準備支援事業で基礎的な能力を身につけ、その後に一般就労を目指します。一般就労とは、雇用主と雇用契約を結んで働き報酬を得る通常の就労形態をいいます。

2. 支援の期間

1年以内の期間を定めて計画的・集中的に支援が行われます。ただし、利用者の心身や生活の状況等を踏まえて、あらかじめ1年以上の期間を定めることもできます。

また、支援の期間を終えても一般就労につながらなかった人が、あらためて自立相談支援事業において就労準備支援事業の利用が適当だと判断された場合、再度、就労準備支援事業を利用すること（再度の就労準備支援プログラムの作成）が可能です。

3. 支援の内容

一人ひとりの状態に合わせて作成される就労準備支援プログラムに基づいて、下表のような支援が通所や合宿形式で行われます。

支援の目的	支援のために行う具体的事項
適切な生活習慣の形成を目的にした日常生活に関する支援	規則正しい起床や就寝、定時通所、バランスのとれた食事、適切な身だしなみ、ストレスや不安への対処法等の助言・指導等
社会的能力の形成に向けた社会生活自立に関する支援	朝礼や終礼（その日の振り返り）の実施、挨拶の励行やコミュニケーション能力の形成、職場見学、地域活動への参加の場の提供等
一般就労に向けた技法や知識の修得等就労自立に関する支援	模擬面接の実施、履歴書の作成指導、ビジネスマナー講習、本人の適性確認、地域の協力事業所等での就労体験等

20 家計を再建し管理能力を高めるための「家計改善支援事業」

担当地区のなかに、ある程度収入はあると思うのですが、家計管理がうまくできないのか、度々公共料金を滞納したり借金をしている人がいます。このような人を支援する制度があれば教えてください。

POINT 家計管理がうまくできない人を対象に、支援員が本人と一緒に家計状況を把握して収支計画を立てたり、支払免除や猶予の手続き、債務整理の手続きなどに同行して、家計を健全にするとともに、本人に家計管理能力が身につくように支援する家計改善支援事業があります。

答え

1. 支援の対象者と支援の目的

1 対象者

　生活困窮者で、家計管理がうまくできない人や管理が困難な状況にある人です。具体的には次のような人が考えられます。

　　・クレジットカードを多用していて支払額を把握できていない人

　　・収入や支出の波が大きかったりそれらの額が不安定な人

　　・公共料金や家賃などを滞納している人

　　・多重債務や多額の借金があり返済できない人　等

2 支援の目的

　この事業の目的は、生活困窮者自身が自分の家計の状況や問題点を把握し、課題を解決しながら生活困窮からの出口を自分で見つけ出していくことです。そのため、支援員は相談者自身が家計管理能力や対処能力を身につけられるように支援します。

2. 支援の方法

個々の状況に応じて次のような支援を行います。

1 家計の現状を正確に把握するための支援

本事業の相談者のために用意されている「相談時家計表」を活用して家計の現状や問題を把握し、家計を「見える化」します。そのうえで、家族全員の将来のライフイベントなどを考えながら、お金の使途や改善すべき課題などを整理します。

2 滞納の解消や各種の給付金制度の利用に向けた支援

税金や公的サービスの利用料などは、事情に応じて免除や支払い猶予制度がありますが、そのことを知らなければ活用できません。そこで制度を紹介したり手続きに同行して利用を支援します。また、生活困窮者などが利用できる給付金制度などの利用も支援します。

3 債務の整理に関する支援

ローンやクレジットカード決済、家賃等の未払い債務がある場合、弁護士に相談すれば債務整理できる場合があります。法テラスなど生活困窮者が利用可能な仕組みを含め、債務整理の法的手続きを支援します。

4 貸付制度の利用の支援

公的な資金貸付制度の利用によって生活の立て直しが見込める場合には、制度の紹介や利用のための同行や手続きの支援を行います。

5 相談者が将来にわたり自分で家計管理できるように支援する

これがこの事業の一番のポイントです。債務を整理しても相談者に家計管理能力が身につかなければ、また借金をしてしまいます。つまり、この事業では、本人が支援を受けながら自分自身の家計管理能力を高めることが必要だということです。なお、重い障害や依存症などで家計管理能力を身につけることが困難な場合には、自立相談支援事業や医療機関などと連携しながら支援をします。

緊急時に一時的に衣食住を提供する「一時生活支援事業」

会社を解雇されて収入や貯金がなく、寮からも出されて寝る場所もないという人から、「寝泊まりできる場所を紹介して」と相談されました。このようなときに支援する制度があれば教えてください。

 現に住居がなく、緊急に寝泊まりする場所を必要としている人に、とりあえず宿泊場所や食事、衣服などを提供する事業に「一時生活支援事業」があります。「一時」とある通り、期限があり、利用期間中に、その後の生活に向けた就労支援などが行われます。また、この事業では、一度支援を受けた人の継続的なフォローや、今は一応住む場所があるものの不安定な状態にある人を対象にした相談や情報提供、安定した住居確保支援なども行います。

 一時生活支援事業は次の2つの事業で構成されています。

1. 一定の住居をもたない生活困窮者に衣食住を提供する事業

1 対象者

現に宿泊場所がない次のような人たちが対象として想定されます。

・公園や河川敷や駅等で日常的に生活している人

・ネットカフェや健康ランド等にいたが料金が払えなくなった人

・会社の寮を退去させられ預貯金などがなく頼る所もない人　等

なお、緊急に宿泊場所を必要とする人には、虐待を受けた児童や障害者、配偶者暴力の被害者などもいますが、それらの人はそれぞれ対応する制度があることから、直接この事業の対象者にはなりません。

2 支援の内容

　３か月（事情により６か月まで延長可）を上限に、次のような支援を行います。

① 宿泊場所の提供

　シェルターや自立支援センター等の専用施設を設置して行う場合と、アパートや旅館などを借り上げて行う場合とがあります。

② 衣食等の提供

　衣類や食事、日常生活に必要な物品を貸与または給付します。

③ 就労支援

　本事業を利用中、可能な場合は、一般就労に結びつくように自立相談支援事業と連携して、就労のための情報提供や支援を行います。

2. 地域居住支援事業

1 対象者

　次のような状態にある人が対象になります。

①前述のシェルターや自立支援センター等を利用していた人

②現在の住居を失うおそれのある生活困窮者で地域社会から孤立している人（例えば、ネットカフェや知人宅など屋根のある場所と路上や公園を行き来するなど居住の状態が不安定な人等）

2 支援の内容

　シェルター等を利用していた人は、情報提供や相談などを通じて見守りを継続します。一方、地域からの情報提供などによって新たに把握した住居を失うおそれのある人に対しては、安定した住居の確保に関する情報の提供や助言や支援、地域社会との交流の促進、その他居住の状態が安定するように有効な支援をします。

22 子どもの学習や生活を支援する「子どもの学習・生活支援事業」

ある保護者から「毎日仕事に追われ、子どもの勉強をみたり相手をすることがなかなかできない」という話を聴きました。このような場合に、子どもや保護者を支援する制度があれば教えてください。

POINT 生活困窮世帯の子どもやその保護者を支援する事業として、子どもの学習・生活支援事業があります。親とのかかわりが弱いと、子どもは自尊感情や社会性の醸成が不十分になりがちです。そこで、この事業では、学習面の支援だけでなく、家庭環境や保護者との関係なども視野に入れながら、生活面を含めた支援を行います。

1. 対象になる子ども

　　　生活保護世帯を含む生活困窮世帯の子どもが対象です。事業の特性を踏まえ、国では明確な所得基準などは設けず、市町村の判断で地域の実情に応じた柔軟な対応ができるようになっています。

　また、対象になる子どもの年齢制限はありませんが、これまでは高校受験を控えた中学生が中心でした。この点について、厚生労働省は幅広い年齢層への支援が望ましいとしています。例えば、生活支援の必要性や効果を考えると小学校低学年からの支援が望ましく、一方で、高校に進学していない子どもや、高校入学後、相談相手がいないまま孤独になり退学してしまうケースをみると、高校に在学しているかどうかにかかわらず「高校生世代」への支援も重要だとされています。

2. 事業の目的

　厚生労働省は、本事業について「生活保護受給世帯を含む生活困窮世帯の子ども及びその保護者を対象として実施するものであり、本事業は、子どもの学習支援とともに、保護者も含めた生活習慣・育成環境の改善に関する支援を行うものである」と説明しています。つまり、事業名は「子どもの」となっていますが、実際には、子どもとともにその保護者も支援対象になっているということです。

3. 支援事業の内容

　この事業は次の3つの内容で構成されています。

子どもに対し学習支援を行う事業	・学習会の開催や戸別訪問などにより学習支援や学校の予習復習、テスト準備、学び直し等を支援する。
子どもとその保護者に対し、子どもの生活習慣や育成環境の改善に関する助言や支援を行う事業	・学習の後片づけや整理整頓等の習慣を身につける支援をする。 ・挨拶や言葉遣い、他の子どもとの接し方等を助言してその場に適した言動ができるように支援する。
進路選択や教育、就労に関し子どもや保護者からの相談に応じ、情報提供や助言をしたり、関係機関との連絡調整を行う事業	・高校、大学、専門学校等への進学や就職等の進路を決める際に、必要な情報の入手方法や情報の見方、関係機関への連絡や手続きなどを支援する。

4. 新型コロナウイルスの影響を踏まえた事業の実施

　新型コロナウイルス感染症の感染拡大によって子どもの学習・生活支援事業を一時的に休止したり、規模を縮小した自治体がありました。これに対し、補助金を出している厚生労働省では、補助金を活用して貸出用タブレットを購入したり、インターネット回線の設置や通信機器の整備等を行い、オンラインによる学習支援に積極的に取り組むように促しています。

第 **4** 章

新型コロナウイルスの影響による
経済的困窮と支援策

注) 第 4 章では、新型コロナウイルスを「コロナ」と記述します。
また、「新型コロナウイルスの感染拡大の影響や予防のための取り組みが必要な状況」を
「コロナ禍」と記述します。

23 コロナ禍での経済的困窮者に対する支援策の概要

コロナ禍で経済的に困窮している人に対する支援策には、どのようなものがありますか。民生委員はどのようにかかわればよいでしょうか。

コロナ禍で経済活動が停滞し困窮者が増えたことから、国はさまざまな経済的支援策を整備しています。本問では、それらのうち、個人や世帯を対象にした支援策を紹介します。さらに、そのなかの主要な支援策については、あらためて項目を設けて解説します。民生委員には、各制度の概要を把握したうえで、制度に関する情報提供や関係機関の紹介、申請手続きの支援等の役割が期待されます。

1. 生活保護制度の運用の見直し

コロナ禍で、生活保護制度の必要性が高まったことを受け、必要な人がためらうことなく利用できるように制度運用の見直しが行われました。詳細について**問24**で解説します。

2. 生活福祉資金の特例貸付の実施

コロナ禍で、収入が減少した人が利用しやすいように、生活福祉資金貸付制度の緊急小口資金と総合支援資金の特例貸付が行われています。民生委員の世帯更生運動から始まった生活福祉資金貸付制度は、コロナ禍に限らず平時から経済的困窮者の自立に有効な制度であり、民生委員としてその内容を知ることは大切です。

そこで、まず生活福祉資金貸付制度の沿革を**問25**で、貸付の種類や利用条件等を**問26**で解説し、さらに今回のコロナ禍での緊急小口

資金と総合支援資金の特例貸付について**問 27** で解説します。

3. 新型コロナウイルス感染症生活困窮者自立支援金

　この支援金は、前記の緊急小口資金や総合支援資金の特例貸付を利用してきた人が、それらの資金のさらなる借入ができなくなった場合等に利用できる制度です。詳細について**問 28** で解説します。

4. 住居確保給付金の特例運用

　コロナ禍で家賃が払えずにアパート等の住まいを失うおそれのある人が利用しやすいように、生活困窮者自立支援制度のなかの住居確保給付金の制度が利用条件を拡大するなど、特例的に運用されています。詳細について**問 29** で解説します。

5. 個人でも申請ができる休業給付金

　仕事が減ったために従業員を休ませた企業は、本来、休業手当を出す義務があります。しかし、コロナ禍で休業手当を出さない企業があることから、従業員が個人で休業給付金を直接申請できる制度ができました。詳細について**問 30** で解説します。

6. 求職者支援制度の特例運用

　求職者支援制度は、訓練期間中に月 10 万円の給付金を受けながら就職のための無料講座を受講できる制度です。コロナ禍で利用要件が緩和されました。詳細について**問 31** で解説します。

7. 子育て世帯生活支援特別給付金

　2020 年度中は子育て世帯のうちもっぱらひとり親世帯に対する支援（給付金の支給）が行われてきました。しかし、ふたり親世帯のなかにも経済的に困窮している世帯があることから、2021 年度にふたり親世帯も支援の対象に含む子育て世帯生活支援特別給付金ができました。詳細について**問 32** で解説します。

8. コロナ禍で活用されている就学援助制度

　従来からある制度ですが、義務教育の子どもがいる生活保護世帯やそれに準じる世帯が、学校生活に必要な費用の支援を受けられるのが就学援助制度です。詳細について**問33**で解説します。

9. 特別定額給付金の給付

　2020年4月の閣議決定を受けて、全国民に一律10万円の特別定額給付金が支給されました。この給付は市町村を通じて行われ、すでに給付は終了していますが、給付の申請開始にあたって「民生委員が申請を代行できる」という主旨の通知が国から市町村に発出されました。これに対して、全国民生委員児童委員連合会は「民生委員は直接かかわらない」という主旨の文書を出しました。この一連の過程は、金銭が関係する支援における民生委員の役割について考えるうえで重要な内容を含んでいます。そこで、すでに終了している給付の制度ですが、この詳細について**問34**で解説します。

10. 公共料金等の支払い猶予や減免措置

　コロナ禍で収入が減少した世帯を対象に、以下のような公共料金等の支払いに関する猶予や減免が行われています。具体的な条件等の詳細は、各市町村や事業者に問い合わせてください。

1 保険料

　国民健康保険、国民年金、介護保険の保険料などの支払いが一定期間猶予されます。特に収入の減少額が大きい場合には、減免を受けられる場合もあります。

2 税金

　国税や地方税を一括して納付することができない場合に、原則として1年間支払いが猶予される制度があります。その間は、通常であれば加算される延滞税が軽減されたり免除される場合があります。

3 公営事業等の料金

電気・ガス・水道料金やNHKの受信料、公営住宅の家賃等の支払猶予も行われています。これらの費用を滞納すると、通常であれば一定期間後にサービスが利用停止されますが、すぐには停止しない等の柔軟な対応が行われています。

4 住宅ローン

住宅金融支援機構では、住宅ローンの利用者がコロナ禍で収入が減少した場合に、返済期間を延長して毎月の返済額を減らす、一定期間返済額を減らす、ボーナス返済の方法を変更する等の対応をしています。

11. 支援策の活用と民生委員による情報提供の役割

ここで紹介している支援制度は個人が利用可能な制度の一部であり、この他にもさまざまな制度があります。

民生委員としては、主な制度のポイント、例えば、「どんな人が利用可能なのか」「手続きする機関や窓口はどこか」「1回限りの支援か継続的支援か」「（返済義務のある）貸付か、（もらえる）給付なのか」といった点を把握し、経済的に困窮している人に対し、情報提供や関係機関の紹介、申請手続きの支援等ができるとよいでしょう。

なお、制度は新設されたり延長されたりします。制度の利用や紹介にあたっては必ず最新の情報を確認するようにしてください。

24 生活保護制度の運用の見直し

コロナ禍で生活保護制度の運用が一部見直されたということですが、どのような部分が見直されたのでしょうか。

POINT　コロナ禍での生活保護の利用者はコロナ終息後、早期の収入回復が見込める可能性があることから、その点を踏まえて、生活保護の運用が柔軟に行われています。また、必要とする人がためらうことなく利用申請できるように、親族に対する扶養照会が見直されました。

答え
1. 生活保護制度の特例的運用や見直し
1 生活保護の利用の条件

①資産の活用に関する考え方

　例えば、病気が原因で要保護者になった人は、通勤用の車が不要になればその車を売って生活費に充てることが原則ですが、コロナ禍での失業等の場合、コロナ終息後、早期に職場が見つかる可能性があることから、必ずしも車を売却しなくてよいとされています。この扱いは自営業者の所有する業務用の機器や設備についても同様です。

②利用者に対する「指導」の考え方

　生活保護の世帯で収入が非常に少ない場合に、増収に向けた転職指導等が行われることがありますが、その世帯が自営業者などで一時的に減収になっているものの、コロナ禍が終息すれば収入が回復すると見込まれる場合は、転職指導等をしなくてよいとされています。

◤2◢ 親族に対する扶養照会の見直し

　生活保護の申請者の親族に対して扶養の可能性を確認する扶養照会は、自分の窮状を親族に知られてしまうため、申請をためらわせる大きな原因になっていました。この問題は国会でも取り上げられ、必要とする人が利用をためらうことがないよう、2021年の2月と3月に相次いで見直しの通知が厚生労働省から出されました。

　現在、親族の扶養照会は次の考え方に基づいて運用されています。

①扶養義務者と生活保護の利用との関係について

・生活保護法第4条第2項には、扶養義務者の扶養が保護に優先して行われると規定されているが、この意味は、実際に扶養義務者から金銭的扶養が行われた場合に、それを被保護者の収入に認定するということであって、そもそも扶養義務者による扶養の可否が保護の要否の判定に影響するものではない。

②扶養義務者に扶養照会をする場合の条件

・扶養義務の履行が期待できる場合のみ扶養義務者に直接照会する。

・要保護者が扶養義務者への扶養照会を拒んでいる場合は、その理由について特に丁寧に聞き取りを行い、照会について検討する。

③扶養義務者がいても扶養照会をしない場合

・その扶養義務者が生活保護を利用している場合や、福祉施設に入所中、長期入院中、未成年者、70歳以上の高齢者、その家庭内で主たる生計維持者ではない非稼働者（いわゆる専業主婦や専業主夫等）の場合等

・相続に関する対立があるなど要保護者との関係が非常に悪い場合

・10年以上音信不通等、交流が断絶している場合

・夫の暴力から逃れた母子等の扶養義務者（この場合は夫）に扶養を求めることが明らかに要保護者の自立を阻害する場合

25 生活福祉資金貸付制度の沿革と民生委員の役割

生活福祉資金貸付制度は民生委員の運動から始まったと聞きましたが、どのような制度でしょうか。現在、民生委員としてはどのような役割が期待されているのでしょうか。

生活福祉資金貸付制度（以下「生活福祉資金」）は都道府県社会福祉協議会（以下「社協」）が貸付の主体、市町村社協が窓口となって実施されています。戦後の民生委員の世帯更生運動を源流とし、低所得世帯や障害者世帯等を対象に貸付と相談支援を一体的に行うことで経済的自立や生活の安定を図る事業として発展してきました。民生委員としては地域で暮らす低所得者を支援する社会資源の1つとして、本制度の広報や紹介をする役割、個別の事情に応じて利用を支援する役割、そして、すでに利用している人に対しては、継続的な見守りや支援をする役割が期待されています。

1. 生活福祉資金貸付制度の始まり

1 民生委員による世帯更生運動の展開

　第二次世界大戦後、多くの国民が生活に困窮するなか、民生委員は困窮世帯を支援する世帯更生運動を各地で展開していました。そして1952年の全国民生委員児童委員大会では、先駆的に取り組んでいる県から、全国的運動として展開することが提案され決議されました。

　こうして世帯更生運動が全国の民生委員の活動として広がり、1955年にはすべての都道府県で実施されるようになりました。

　この運動を展開するなかで、防貧や自立更生を進めるためには、「手

に職を付けたり資格や免許をとるため」「家族経営の零細事業者の経営を改善するため」等、自立を支援するための資金の確保を支援する公的制度が必要との声が全国の民生委員からあがりました。

2 世帯更生資金貸付事業を社会福祉事業として創設

上記の通り、世帯更生運動は経済的自立を目標の1つに掲げていたことから、返済の必要のない給付や補助ではなく、返済を必要とする貸付制度として整備されることとなりました。

そして、1955年に都道府県社協が実施主体となり市町村社協に業務を一部委託し、民生委員と連携して取り組む世帯更生資金貸付事業が始まりました。この事業は金融事業ではなく、その世帯の自立のために資金の貸付と相談や情報提供などの福祉的支援が一体的に行われることに意義があります。そこで、社会福祉事業法（現「社会福祉法」）の第2条で社会福祉事業の1つとして位置づけられました。

2. 生活福祉資金貸付制度の変遷

1 貸付資金の種類の拡大と名称の変更（～1990年）

貸付資金の当初の種類は「更生資金」（生業資金、支度資金、技能習得資金）のみでしたが、その後、徐々に資金の種類が増え、1962年には、①更生資金、②生活資金、③身体障害者更生資金、④住宅資金、⑤療養資金、⑥修学資金、⑦災害援護資金、の合計7種類になりました。

また、1990年に名称が現行の生活福祉資金に変更されました。

2 社会情勢に対応した資金の創設と整理統合（～2009年）

1990年以降もその時々の社会課題に応じて制度が見直され、1995年の阪神・淡路大震災の際に小口資金、2001年に離職者支援資金、2002年に緊急小口資金や土地を担保にした融資制度（リバースモーゲージ）等の整備が進みました。

その後、リーマンショックによる経済不況、離職者の増大などを受け、それまで多岐にわたっていた資金の種類が2009年10月に次の4種類に整理統合され現在に至ります。

<2009年に整理統合された生活福祉資金の種類（現在の種類）>

①総合支援資金　　②福祉資金　　③教育支援資金
④不動産担保型生活資金

3 災害や緊急事態に対応した拡充や運用の見直し（〜現在）

2011年には東日本大震災の被災者支援のための各種特例扱い、2015年4月には生活困窮者自立支援制度の施行に伴う借受世帯の自立支援強化のための運用見直し、2016年には教育支援資金の拡充等が行われ、さらに2020年春に始まったコロナ禍での収入減少等に対しては、緊急小口資金と総合支援資金の特例貸付が行われています（詳細は**問27**参照）。

3. 生活福祉資金と民生委員に期待される役割

1 制度要綱が定める民生委員の役割

厚生労働省が定める「生活福祉資金貸付制度要綱」では、民生委員の役割として次の4点をあげたうえで「借受人及び借入申込者の生活自立が図られるよう、民生委員の相談支援を通じたきめ細やかな対応が期待される」としています。

①都道府県社協及び市町村社協、福祉事務所等関係機関と連携した
　本制度の広報・周知活動
②本制度の利用に関する情報提供、助言
③都道府県社協及び市町村社協の要請に基づく、借入申込者及び借
　受人の属する世帯の調査及び生活実態の把握
④借受人及び借入申込者の自立更生に関する生活全般にわたる相談

支援

2 民生委員の役割と責任について

　生活福祉資金にかかわる民生委員の役割で最も大切なことは、資金の利用者の自立が図られるように、継続的に見守りや相談支援を行うことです。ただし、なかには民生委員とのかかわりを拒否する人もいるので、社協と十分連携して対応を考えることが大切です。また、利用者が事前の連絡をせずに急に転居したような場合に、社協に連絡する役割もあります。

　なお、生活福祉資金の利用者に対する支援は、例えば、介護サービスを利用するための支援とは異なり、「直接お金が関係している」という事情があることから、不安を感じる民生委員も少なくないでしょう。そこであらためて次の3点を確認しておきます。

　第一に、民生委員が連帯保証人になる必要はないということです。生活福祉資金を利用する場合、原則として連帯保証人が必要ですが、民生委員としては、どんなに強く頼まれても連帯保証人を引き受けず、それでも納得してもらえないときは、社協や民生委員協議会（民児協）の会長に報告、相談してください。

　第二に、民生委員には債権管理や督促の役割は一切ないということです。仮に、借受人の返還が滞った場合、民生委員は、社協とも連携して丁寧に事情を聞き、必要に応じて返済計画の見直しや返済免除手続きの紹介、さらに生活保護などの他の支援制度の紹介など、利用者の実情を踏まえた相談、支援の役割が期待されます。

　第三に、福祉費と教育支援資金の利用申込の際に必要とされる調査書の民生委員記入欄は、民生委員個人ではなく民児協として書いてもよいことになっています。これにより、民生委員個人にかかる心理的負担が軽減されています。

26 生活福祉資金の種類と利用条件等

生活福祉資金貸付制度の資金の種類や利用条件等の具体的なことを教えてください。また、利用希望の相談を受けた場合、民生委員としてはどのように対応すればよいでしょうか。

生活福祉資金貸付制度（以下「生活福祉資金」）は誰でも利用できるわけではなく、利用には一定の条件があります。借りられる資金の種類は、総合支援資金、福祉資金、教育支援資金、不動産担保型生活資金の4種類があり、さらにそれぞれの具体的な利用目的や利用者の事情などに応じて資金の種類が細かく分かれ、貸し付け条件等が異なります。

民生委員としては、まず資金の種類やそれぞれの対象者、利用条件や返済方法などの概要を知っておくことが大切です。そして、実際に利用の相談を受けた場合には、社会福祉協議会（以下「社協」）の資料やホームページ等を活用して概要を説明し、そのうえで早めに市町村社協の担当者につなぐとよいでしょう。民生委員の役割としては、生活福祉資金に関する基本的事項を説明できればよく、貸付の可否について直接言及する必要はありません。

なお、新型コロナウイルス対応として緊急小口資金と総合支援資金の特例貸付が行われていますが、本問では特例貸付ではなく通常の制度の内容を紹介します（特例貸付については**問27**を参照）。

1. 貸付を利用できる世帯の条件

生活福祉資金は次の表に掲げる世帯が利用できます。

世帯の類型	利用条件
低所得世帯※	世帯収入がおおむね住民税非課税程度で、貸付とあわせて必要な支援を受けることで独立自活できると認められる世帯であって、そのために必要な資金を他で借りることが困難な世帯
障害者世帯	次に該当する人がいる世帯（低所得の要件はない） ・身体障害者手帳の交付を受けている ・療育手帳の交付を受けている ・精神障害者保健福祉手帳の交付を受けている ・その他現に障害者総合支援法によるサービスを利用している等これらと同程度と認められる
高齢者世帯	日常生活上の療養または介護を要する65歳以上の高齢者がいる世帯（収入が一定以下の条件があるが、低所得世帯よりも高く設定される）
生活保護世帯	自立更生に有効だと福祉事務所が借入の必要性を認めた世帯。ただし、利用可能な資金は限定される

※各都道府県の実情に応じて所得の目安は弾力的に設定されている

上記に該当しても、次の世帯は利用できない場合があります。

・もっぱら債務（借金）返済のために資金を借りようとする世帯

・母子父子寡婦福祉資金貸付制度が利用可能な世帯（他法優先原則）

・自立及び償還の見込みがないと認められる世帯

・本制度を利用して滞納中または償還免除等で完済しなかった世帯

・破産申立てなどの法的整理が進行中の世帯

また、暴力団員が属する世帯や、在留資格が確認できない外国人（世帯）なども利用できません。

第4章

㉖ 生活福祉資金の種類と利用条件等

75

2. 生活福祉資金の種類と利用対象世帯の条件

資金の種類と貸付の目的や対象となる世帯は次の表の通りです。

<生活福祉資金の種類と利用対象世帯の条件>

資金の種類		資金の使途や対象となる世帯
総合支援資金	生活支援費	生活再建までの間に必要な生活資金
	住宅入居費	敷金、礼金など住宅の賃貸契約を結ぶために必要な資金
	一時生活再建費	生活を再建するために一時的に必要かつ日常生活費で賄うことが困難な資金（就職・転職のための技能習得、債務整理をするために必要な資金など）
福祉資金	福祉費	次のような目的の資金（例） ・生業を営む　・技能習得　・病気療養　・冠婚葬祭 ・住宅の増改築や補修　・災害による臨時の出費 ・障害者の自動車購入　・福祉用具購入　等
	緊急小口資金	緊急かつ一時的に生計の維持が困難となった場合に貸し付ける少額の資金
教育支援資金	教育支援費	低所得者世帯の子どもが高校や高専、大学などに修学するために必要な資金
	就学支度費	低所得者世帯の子どもが高校や高専、大学などに入学する際に必要な資金
不動産担保型生活資金	不動産担保型生活資金	低所得の高齢者世帯に対し、一定の居住用不動産を担保として生活資金を貸し付ける資金
	要保護世帯向け不動産担保型生活資金	要保護の高齢者世帯に対し、一定の居住用不動産を担保として生活資金を貸し付ける資金

3. 生活福祉資金の据置期間と償還期限

資金を借りてから返済を始めるまでの据置期間とどれぐらいの期間をかけて返済するかという償還期限は次の表の通りです。

＜生活福祉資金の据置期間と償還期限＞

資金の種類		据置期間	償還期限
総合支援資金	生活支援費	最終貸付日から6か月以内	据置期間経過後10年以内
	住宅入居費	貸付の日（生活支援費とあわせて貸し付けている場合には、生活支援費の最終貸付日）から6か月以内	
	一時生活再建費		
福祉資金	福祉費	貸付の日（分割による交付の場合には最終貸付日）から6か月以内	据置期間経過後20年以内※
	緊急小口資金	貸付の日から2か月以内	据置期間経過後12か月以内
教育支援資金	教育支援費	卒業後6か月以内	据置期間経過後20年以内
	就学支度費		
不動産担保型生活資金	不動産担保型生活資金	契約の終了後3か月以内	据置期間終了時
	要保護世帯向け不動産担保型生活資金		

※福祉費の償還期限は使途に応じて3年〜20年の上限がある

㉖ 生活福祉資金の種類と利用条件等

4. 生活福祉資金の貸付条件

　生活福祉資金の貸付限度額、利子、保証人の有無は次の表の通りです（なお、スペースの関係から、利用者が少ない不動産担保型生活資金はここでは省略しました）。

<生活福祉資金の貸付限度額、利子、保証人>

資金の種類		貸付限度額	利子	保証人
総合支援資金	生活支援費	・（2人以上）月20万円以内 ・（単身）月15万円以内 ・貸付期間原則3か月（最長12か月）	連帯保証人がいる場合は無利子 連帯保証人がいない場合は年1.5%	原則必要 もしいない場合は左記の通り利子が付く条件で利用可能
	住宅入居費	40万円以内		
	一時生活再建費	60万円以内		
福祉資金	福祉費	580万円以内（資金用途ごとに上限目安あり）		
	緊急小口資金	10万円以内	無利子	不要
教育支援資金	教育支援費	<月額上限、単位万円> 高校3.5、高専と短大6、大学6.5※	無利子	不要（世帯内で連帯借受人が必要）
	就学支度費	50万円以内		

※特に必要な場合上限額の1.5倍まで貸付可能

27 生活福祉資金の緊急小口資金と総合支援資金の特例貸付

コロナ禍による経済的困窮者の支援策として生活福祉資金の特例貸付が行われているとのことですが、具体的な内容を教えてください。

コロナ禍での経済的困窮者を支援するため、生活福祉資金のなかの緊急小口資金と総合支援資金の特例貸付が行われています。これまでも災害時等に特例貸付は行われましたが、今回は利用者が桁違いに多く、それだけコロナ禍の経済的影響の大きさがわかります。本来、生活福祉資金は相談支援とセットになった貸付ですが、相談支援がほとんど行えない状況で貸付の件数が拡大しました。また、生活福祉資金は借入金なので、返済免除者以外は今後返済をすることになります。
注) 本問で紹介している特例貸付は 2021 年 11 月 30 日までが利用の申請期限ですが、期限が延長される（されている）可能性があるので、最新の情報を厚生労働省や自治体のホームページ等で確認してください。

1. 特例貸付の実施

　　コロナ禍での収入の減少者が多数生まれることが予想されたことから、2020 年 3 月 25 日に緊急小口資金と総合支援資金の特例貸付が始まりました。

　貸付の申込期限は当初は 2020 年 7 月 31 日まででしたが、度々延長され、2021 年 9 月 25 日現在では特例貸付の申請期限は 2021 年 11 月 30 日までとなっています。

　災害時の場合、特例貸付を利用できるのは被災地の住民だけですが、コロナ禍での特例貸付は全国どこに住んでいても利用できます。

2. 緊急小口資金と総合支援資金に共通する条件

1 利用対象者

生活福祉資金はそもそも低所得者を対象にした制度ですが、特例貸付では、通常の一律の金額（目安）による「低所得者」という条件はなくし、コロナ禍で収入が減少していれば利用することができます。

2 申請手続き

窓口における混雑を緩和するため、通常は市町村社会福祉協議会（以下「社協」）の窓口で行う申請書類の提出を郵送でも可としました。

生活福祉資金の特徴は、資金の貸付だけでなく貸付と福祉的機能としての相談支援がセットになっていることにありますが、市町村社協の窓口での提出以外の方法として郵送や後述の緊急小口資金の労働金庫や郵便局での受付を採用したことで、申請者との接点がもちにくくなり、生活福祉資金のもつ相談支援機能の発揮が困難になったという声が多く聞かれます。

3 返済免除の要件

借り受けた時期によって判定の対象になる時期（年度）が異なりますが、償還を始める段階で、なお収入の減少が続いている住民税非課税世帯の場合、償還が免除されます。

3. 緊急小口資金の特例貸付

1 資金の趣旨

緊急かつ一時的に生計の維持が困難となった場合に、少額の費用の貸付を行うものです。

2 利用対象者

コロナ禍で、休業等による収入の減少があり、緊急かつ一時的に生計維持のための貸付を必要とする世帯が利用できます。

3 貸付上限額

　緊急小口資金の貸付上限額は通常は 10 万円ですが、特例貸付では次の条件に該当する場合、最大 20 万円まで借入が可能になります。なお、利用は金額にかかわらず 1 回のみです。

＜緊急小口資金の借入金額が20万円に増額される条件＞

　・世帯内に新型コロナウイルス感染症の罹患者等がいる。
　・世帯内に要介護者がいる。
　・世帯員が 4 人以上いる。
　・コロナ対策のために休校した小学校等に通う子を世話することが
　　必要な労働者がいる。　　等

---

4 貸付条件

　これは通常でも同じですが、利子はなく保証人は不要です。

5 据置期間と償還期限

　償還を開始するまでの据置期間は 1 年以内（通常は 2 か月以内）です。また、償還期限は 24 か月以内（通常は 12 か月以内）です。

6 受付窓口

　処理を迅速化するため市町村社協以外に、労働金庫や郵便局の窓口でも受付できるようにしました（両者が行うのは取次業務のみです）。

4. 総合支援資金の特例貸付

1 資金の趣旨

　生活再建までの間に必要な生活費用の貸付を行うものです。

2 利用対象者

　コロナ禍で、収入の減少や失業等により生活に困窮し、日常生活の維持が困難となっている世帯が利用できます。収入が減少していれば、失業していなくても該当します。

3 貸付上限額

　単身世帯の場合は月 15 万円以内、2 人以上世帯の場合は月 20 万円以内で、原則 3 か月が上限です。ただし 1 回の延長が可能であり、さらに 1 回の再貸付（最長 3 か月）の利用が可能なことから、最長 9 か月の借入ができます。その結果、例えば、2 人以上の世帯の場合は、最高 180 万円まで借入できることになります。

4 貸付条件

　利子はなく保証人は不要です。通常の場合、保証人がいれば無利子ですが、保証人がいない場合は有利子（年 1.5 ％）です。特例貸付では、保証人がいなくても無利子になります。

5 据置期間と償還期限

　償還を開始するまでの据置期間は 1 年以内（通常は 6 か月以内）です。ただし、再貸付を利用した場合は据置期間が 3 年以内に延長されます。なお、償還期限は 10 年以内（通常も同様）です。

6 相談支援について

　通常、総合支援資金の貸付を受ける場合は生活困窮者自立支援法に基づく自立相談支援事業の支援を受けることになっていますが、特例ではこの要件はありません。ただし、貸付期間が原則の 3 か月を超えて延長を希望する場合や、再貸付を希望する場合には、自立相談支援事業による自立相談支援機関に相談をして支援を受ける必要があります。

新型コロナウイルス感染症
生活困窮者自立支援金

28

生活福祉資金の特例貸付を限度額いっぱい借りた人等が利用できる支援制度があると聞きましたが、どのような制度ですか。生活に困っている人は誰でも利用できるのでしょうか。

POINT 生活福祉資金の特例貸付をこれ以上利用できない世帯等を対象に、就労活動等をする間の生活維持に活用するために新型コロナウイルス感染症生活困窮者自立支援金（以下「自立支援金」）が設けられています。厳密な利用条件があるので、よく内容を確認してください。なお、自立支援金の窓口は地方自治体になります。
注）本制度は 2021 年 11 月 30 日までが利用の申請期限ですが、延長される（されている）可能性があるので、最新の情報を厚生労働省や自治体のホームページ等で確認してください。

1. 自立支援金の目的と活用

　　コロナ禍での経済的困窮者に対して、緊急小口資金や総合支援資金の特例貸付によって支援が行われてきましたが、コロナ禍の長期化によって、総合支援資金の再貸付が限度に達しこれ以上利用できない世帯や、再貸付が不承認という世帯もあります。

　そのような世帯のために設けられた自立支援金は、総合支援資金のような貸付ではなく給付金、つまり、返済する必要はないということです。自立支援金で生活を維持しながら新たな就労に向けた活動をしたり、それが困難な場合には生活保護の受給といった次の段階に円滑に移行できるように、いわば「つなぎ資金」の性格をもっています。

第

4

章

28

新型コロナウイルス感染症生活困窮者自立支援金

83

2. 利用できる世帯の条件

1 対象となる世帯

　総合支援資金の特例貸付をこれ以上利用できない次のような世帯が利用可能です。

- ・総合支援資金の再貸付が終了している（またはその予定の）世帯
- ・総合支援資金の再貸付が不承認となった世帯
- ・総合支援資金の再貸付の相談をしたものの再貸付の申請をできなかった（申込みに至らなかった）世帯

2 収入の要件＝収入が次の①と②の合算額を超えないこと

　①市町村民税均等割非課税額の12分の1

　②生活保護の住宅扶助基準額

・※金額は市町村ごとに異なるので地元市町村で確認してください。

3 資産の要件

　預貯金が上記の 2 ①の額の6倍以下（ただし上限100万円）

4 求職活動等

　①ハローワーク（公共職業安定所）に申込みをして求職活動を誠実に行うこと

　②就労困難で生活の維持が難しい場合は生活保護を申請すること

3. 支給額（月額）

　単身世帯：6万円　2人世帯：8万円　3人以上世帯：10万円

4. 支給期間

　3か月

5. 窓口

　市及び福祉事務所を設置している町村。なお、福祉事務所を設置していない町村は都道府県が設置する広域の福祉センター等が窓口になりますが、地元の町村でも相談は可能です。

29 住居確保給付金の特例運用

> コロナ禍でアルバイトのシフトが減り、家賃が払えなくなりそうだとの相談を受けました。収入が急減したような人が家賃を払えるように支援する制度があれば教えてください。

POINT このような人が利用可能な制度として、生活困窮者自立支援制度のなかの住居確保給付金があります。住居確保給付金は一定条件に該当する離職者等のなかで住む場所を失うおそれがある人を支援するために、家賃相当額（上限あり）を家主側に支払う制度です。コロナ禍で利用の要件を緩和したこともあり、多くの人が利用しています。本問では主にコロナ禍での特例的運用の内容を紹介します。制度の原則を解説している**問18**もあわせてお読みください。

答え
1. 特例で職業訓練受講給付金との併給が認められる

　　通常では住居確保給付金と職業訓練受講給付金の両方を並行して利用することはできませんが、コロナ禍の特例として、それぞれの制度の要件を満たせば両方を並行して利用することが認められています。

　職業訓練受講給付金とは、求職者支援制度に基づくもので、求職活動のために無料の職業訓練を受講する人が、一定条件を満たしていれば受講期間中に月額10万円の給付金や受講に必要な交通費などの支給を受けられる制度です（詳細は**問31**を参照してください）。

2. 2020 年 4 月に行われた利用要件の緩和や拡大

1 年齢要件を廃止

従来あった 65 歳未満という年齢要件が廃止されました。

2 離職や廃業という利用者の就労条件を緩和

従来、利用できる人は「離職または廃業した日から 2 年以内の人」という条件がありましたが、離職や廃業をしていなくても、本人に責任のない理由（例：会社の都合で勤務時間や日数が減らされた）で離職や廃業に近い程度まで収入が減少した人も利用できるようになりました。

3 ハローワークへの登録義務を緩和

離職や廃業をしていない人等はハローワーク（公共職業安定所）への求職登録をする義務がなくなりました。

3. 特例による利用期間の延長

2020 年度中に新規の申請をして受給を開始した人が希望する場合、最長で 12 か月までの延長が認められます（収入額の条件あり）。

なお、前記の通り、一部の人はハローワークへの登録義務が当初は免除されますが、この住居確保給付金の利用の再々延長（12 か月の利用）を希望する場合には、ハローワークに登録して求職活動や転職活動をすることが要件になります。

注）上記 3 の住居確保給付金の延長特例の申請期限は 2021 年 11 月 30 日ですが、期限が延長される（されている）可能性があるので、最新の情報を厚生労働省や自治体のホームページ等で確認してください。

30 個人でも申請ができる休業給付金

コロナ禍で会社の指示で休んだ人がいますが、会社からはその期間については何の手当も出ないそうです。このような人が休業中の収入を補填してもらえる制度があれば教えてください。

POINT このような人が利用できる制度に、個人での申請が可能な「新型コロナウイルス感染症対応休業支援金・給付金」（以下「休業給付金」）があります。申請に必要な書類のなかには、会社に書いてもらうものもありますが、もし書いてもらえなくても申請することは可能です。

1. 制度創設の背景と目的

　　会社が自らの責任に基づいて労働者を休業させた場合、労働基準法では平均賃金の6割以上の休業手当を支給するよう会社に義務づけています。そして、この場合には、支給した会社に対して国から雇用調整助成金が支給されます。

　ところが、コロナ禍で労働者を休業させた会社のなかには、「行政からの要請に従って休業したので会社には責任がない。したがって、会社は休業手当を出さない」と主張したり、雇用調整助成金を利用しての支給を考えたが、事務手続きが煩雑なためにあきらめたり、払いたくても会社自体に支払う資金がないなどの事情から、会社が休業手当を支給しない事例が多数起こりました。

　そこで、休業手当が支給されなかった労働者の救済を目的に、休業給付金を労働者が直接申請できる今回の制度ができました。

2. 利用できる人

　利用できるのは会社からの指示で休業をした人です。この場合、完全な休業だけでなく、営業時間の短縮で勤務日数や時間が減った人なども対象になります。また、すでに会社を辞めている人でも、その会社に在籍していた期間については給付の対象になります。

3. 申請手続き

　厚生労働省の特設ページやハローワーク（公共職業安定所）にある申請書類に必要事項を書いて郵送またはオンラインで提出します。

　そのなかに「支給要件確認書」といって、会社にも記入してもらう書類があります。もし会社からこの書類作成に協力が得られない場合には、「支給要件確認書」にそのことを書けばよいことになっていますので、会社から協力を得られないからといって、あきらめる必要はありません。なお、この給付金の支給に関しては、会社が負担する費用は全くありません。もし会社が費用の負担を懸念している場合は、その旨をはっきり伝えると協力が得やすくなるでしょう。

4. 休業期間と申請期限

　2020年4月から2021年9月までに休業をした人は、2021年12月31日が申請期限です。2021年10月と11月に休業をした人は、2022年2月28日が申請期限です。

5. 給付される内容

　実際に休業した日数に休業前の1日あたり平均賃金の8割を乗じた額が給付されます。ただし、会社の規模や業種、休業の時期等により、1日あたり9900円または1万1000円の上限があります。

注）本問で紹介している休業給付金の対象となる休業期間や申請期限が延長される（されている）可能性があるので、最新の情報を厚生労働省や自治体のホームページ等で確認してください。

③① 求職者支援制度の特例運用

現在、無職で求職活動をしている人がいます。失業保険ももらえないそうですが、そういう人が給付金をもらいながら職業訓練を受けられる制度があると聞きました。どのような制度でしょうか。

 このような人が利用できる制度として求職者支援制度があります。この制度はコロナ禍で新設された制度ではありませんが、コロナ禍で再就職や転職を希望する人が安定した生活環境で職業訓練を受けられるように、利用要件の緩和など特例的な運用が行われています。

 ### 1. 制度の目的と概要

　　求職者支援制度は、再就職や転職を目指している人が月額10万円の給付金や受講に必要な交通費の支給を受けながら、職業訓練を無料で受講できる制度です。条件に該当しないと給付金等は支給されませんが、その場合でも職業訓練は無料で受講することができます。

2. 利用できる人

① 給付金の支給要件（次のすべてに該当すること）

・本人の収入が月8万円以下

　※通常は働いていると対象外ですが、コロナ禍の特例で、シフト制などで働いている人も月12万円以下であれば対象となります。

・世帯全体の収入が月25万円以下

・世帯全体の金融資産が300万円以下

・現在の住まい以外に土地や建物をもっていないこと
・世帯のなかに同時にこの給付金を受けている人がいないこと
・原則としてすべての訓練日に出席すること
　※シフト勤務の勤務日にあたっている等のやむを得ない理由がある場合には、8割以上の出席で可とされます。

② 訓練の受講要件（次のすべてに該当すること）
・ハローワーク（公共職業安定所）に求職の申込みをしていること
・雇用保険の被保険者や受給資格者ではないこと
・働く意思がありその能力をもっていること
・ハローワークが職業訓練の必要があると認めていること

3. 職業訓練の内容と期間
　訓練の内容には、ビジネスパソコン操作、アプリ開発やプログラマー育成、介護の基礎、経理、医療や介護の事務、WEBデザイン等、さまざまなものがあり、国から認定を受けた教育訓練機関で受講します。
　訓練期間は通常2〜6か月ですが、コロナ禍の特例で、最短で2週間からのコースも創設されています。また、一部オンラインの講座も実施されています。

4. 窓口
　ハローワークで相談のうえ、手続きをします。

5. 求職者支援資金融資の利用
　この給付金だけで生活費が足りない場合、労働金庫の求職者支援資金融資を利用することもできます。

注）本問で紹介している求職者支援制度の特例の申請期限は2022年3月31日ですが、期限が延長される（されている）可能性があるので、最新の情報を厚生労働省やハローワークのホームページ等で確認してください。

32 子育て世帯生活支援特別給付金

コロナ禍で経済的に困窮するひとり親世帯を支援する給付金がある
ということを聞きましたが、ふたり親世帯でも困窮している世帯が
あります。ふたり親世帯を支援する制度はないのでしょうか。

困窮している子育て世帯を支援する制度として、子育て世帯
生活支援特別給付金制度（以下「給付金制度」）が設けられ
ています。これまでもひとり親世帯を中心に給付金等を支給
する制度がありましたが、今回ここで紹介する給付金制度は
経済的に困窮しているふたり親世帯も対象になります。ただ
し、申請をしないと支給を受けられないので、もし該当しそ
うな世帯を知っている場合、情報提供等の役割が民生委員に
期待されます。

1. コロナ禍で困窮している子育て世帯への支援策

　　　これまでひとり親の子育て世帯に対しては2020年度中に
2回給付が行われ、児童扶養手当の受給世帯やコロナ禍で収入が急減
した世帯に対して、子ども1人の場合は5万円、2人目以降は3万円
が支給されました。

　しかし、コロナ禍が長引き緊急事態宣言が繰り返されるなどして、
ふたり親の子育て世帯も困窮しているとして支援を求める声が高まっ
たことから、2021年3月に、経済的に困窮しているふたり親の子育
て世帯も対象にした新たな給付金制度が整備されました。

2. 給付金制度の内容

1 給付の対象

① ひとり親世帯

　ひとり親世帯に支給される児童扶養手当は、所得の額により全額支給、一部支給、不支給に分かれますが、このうち全額支給、一部支給の世帯が給付金制度の対象になります。これに加え、児童扶養手当の対象外のひとり親世帯がコロナ禍で家計が急変した（住民税非課税世帯と同程度になった等）場合には、給付の対象になります。

② ふたり親世帯

　ふたり親世帯の場合、2021 年度の住民税（均等割）が非課税の世帯が給付の支給対象になります。

2 給付額

　子ども 1 人につき 5 万円が 1 回支給されます。

　※ここでいう「子ども」とは、2021 年 3 月 31 日現在 18 歳未満の子　（障害児の場合は 20 歳未満）をいいます。

3. 給付金制度を利用するための手続き

1 申請手続きが不要な世帯

　2021 年 4 月の児童扶養手当を受け取っている世帯（一部支給世帯も含む）は手続きは不要です。すでに支給されていると思われます。

2 市町村（自治体）での申請手続きが必要な世帯

① 児童扶養手当の対象外になっているひとり親世帯で、コロナ禍で家計が急変した（住民税非課税世帯と同程度になった等）世帯が給付金の利用を希望する場合は申請が必要です。

② ふたり親世帯で、2021 年度の住民税（均等割）が非課税の世帯または家計が急変した（住民税非課税世帯と同程度になった等）世帯が給付金の利用を希望する場合は申請が必要です。

33 コロナ禍で活用されている就学援助制度

「収入が減り子どもの学校にかかる費用負担が大変だ」という相談を受けました。収入があり、生活保護の対象にはならないようですが、このような世帯が利用可能な制度があれば教えてください。

このような世帯が利用可能な制度として、義務教育中の子どもがいる低所得世帯が利用できる就学援助制度があります。すべての市町村が実施していますが、利用条件や援助内容は市町村により異なります。コロナ禍で制度が変わったということではありませんが、急に収入が減った場合などは申請可能です。義務教育中の子どものいる世帯にとって役立つ制度として内容を知っておくとよいでしょう。

1. 実施の目的と実施主体

わが国では公立の小中学校（義務教育）の授業料は無料です。しかし、学校生活を送るためには、授業料以外にさまざまな費用がかかります。そこで、公立の小中学校に子どもが通っている低所得世帯を対象に授業料以外の費用を援助するのが就学援助制度です。

学校教育法で「経済的理由によつて、就学困難と認められる学齢児童又は学齢生徒の保護者に対しては、市町村は、必要な援助を与えなければならない」（第19条）と規定があり、全市町村が実施しています。ただし、援助の対象者の条件や援助の内容は市町村が決めるため、市町村ごとに多少異なります。また、国は市町村が行う援助に必要な費用に対する補助をしています。

2. 援助の対象（利用が可能な世帯）

市町村ごとに異なりますが、一般に次のような世帯が対象です。

①生活保護を受けている世帯

②児童扶養手当を受給している世帯

③申請年度内に生活保護が廃止または停止となった世帯

④その他の経済的に困っている世帯

注）④については、例えば、「所得が生活保護基準の1.3倍程度」のように所得の基準が決められています。また、災害や保護者の死亡等の特別な事情も含むことが一般的です。

注）私立の学校に通っている場合、通常は対象になりません。

注）生活保護世帯の場合、援助の費用は生活保護の教育扶助に含まれていない費用（例：修学旅行や校外学習の費用）に限定されます。

3. 援助の内容

市町村ごとに異なりますが、一般に次のような費用が対象です。

・入学準備金、PTA会費や児童会費、学用品費、通学費、給食費、修学旅行費、校外学習費、卒業アルバム代、医療費※　等

※医療費は、学校の健康診断で治療の指示が出た虫歯や中耳炎などの「学校病」にかかわる費用が対象です。

4. 利用手続き

公立の小中学校を経由して教育委員会に申請が届き、教育委員会が審査をしたうえで援助が確定します。通常は年度はじめに学校で用紙が配られて手続きが行われますが、コロナ禍や災害など年度途中で事情が変わった場合も申請が可能です。

34 金銭が関係する支援にかかわる民生委員の役割

特別定額給付金の申請の際、民生委員が代理申請できるということが話題になったと聞きましたが、どういうことでしょうか。今後このような場合、民生委員としてはどう対応すればよいでしょうか。

POINT　特別定額給付金の給付に関連して、「民生委員が代理申請できる」という内容を含んだ通知が国から発出されました。これに対し、全国民生委員児童委員連合会は「民生委員は手続きの支援はするが自らは代理申請しない」という趣旨の通知を発出し、国も同様の文書を発出しました。今回はコロナ禍の出来事でしたが、いつの場合も、民生委員は「金銭の取り扱いが伴う支援を直接に行わない」という原則があります。対応が難しい場合には、個人で判断せず、民児協として対応方法を決めることが大切です。

1. 特別定額給付金の給付手続きと国からの通知内容

　　全国民に一律 10 万円を給付した特別定額給付金は国が設けた制度ですが、申請の受付や給付等の実務は市町村が担いました。そのため、総務省から市町村に対して給付事務の実務に関する「特別定額給付金給付事業実施要領」（2020 年 4 月 30 日）が示されました。

　　この実施要領のなかの「代理人の範囲」の項で、「申請・受給権者本人による申請・受給が困難な場合で、かつ、代理が当該支給対象者のためであると認められる場合の任意代理として、例えば、下記のような場合が想定される」として、次の例が示されました。

①寝たきりの者や認知症の者等の場合

　民生委員、自治会長、親類の者その他平素から申請・受給権者本人の身の周りの世話をしている者について、当該者による代理申請・受給が適当であると市区町村長が特に認める場合には、当該者による代理が可能であること。

　このようにして、民生委員による代理申請が可能であることが実施要領に明記されたことから、民生委員が代理申請の依頼を受ける例が実際に起こりました。

2. 民生委員は金銭を取り扱わないという原則の確認

　このような動きを受け、全国民生委員児童委員連合会は5月22日に通知を出し、かつて示した「民生委員・児童委員は金銭の取り扱いを伴う支援を直接に行うべきではなく、通常は取り扱わないものとする」（2005年9月14日）という考え方をあらためて紹介し、特別定額給付金においてもこの考え方が基本になることを確認しました。

　総務省も同じ5月22日に「個々の民生委員の意向を十分尊重しつつ、民生委員が金銭トラブルに遭うことがないよう、配慮をお願いします」ということを市区町村に依頼する事務連絡を出しました。

3. 民生委員の支援活動と金銭の取扱い

　特別定額給付金に限らず、民生委員が金銭的な支援にかかわることがありますが、その場合の役割は、情報を提供したり、窓口を紹介したり、申請手続きを支援することであって、自らが代理人として申請をしたり、直接金銭を扱うことではありません。どうしても対応に困る場合は個人で判断せず、必ず民児協の会長と相談するなどして対応方法を決めてください。

35 コロナ禍での民生委員活動

コロナ禍で住民生活に変化が起きているなかで、民生委員にはどのようなことが期待されていますか。また、活動にあたって特に気をつけることがあれば教えてください。

民生委員は前提として、「自分が感染しない」「感染を媒介しない」ことが大切です。その前提のうえで、「コロナ禍で起きている住民生活の新たな課題」を意識し、その課題に対応するために、できるだけ悩みを聴いたり、相談にのり、必要に応じてサービス利用の申請手続きの支援等ができるとよいでしょう。特に、本書は、経済的困窮者の支援がテーマであり、コロナ禍での経済的困窮者の支援については**問23〜問34**で解説しているので、その内容も参考にしてください。

1. コロナ禍での民生委員の心構え
1 正しい知識をもつ

　かつて感染症の患者が社会から隔離され、長い間差別され続けた歴史があります。コロナ禍でも、感染者が差別的言動や非難の対象になった例がありますが、遠ざけるべきは（悪いのは）ウイルスであり人間ではありません。

　コロナ禍に関することだけではありませんが、地域福祉の推進にかかわる民生委員は、いい加減なうわさや根拠のない無責任な言説に惑わされたりせず、いかなる場合でもすべての人の人権を尊重する姿勢をもち続けることが大切です。

2 感染しない、感染を広げない、無理をしない

　自分が感染しない、感染を広げないということは誰にとっても当たり前ですが、特に民生委員は、会合でいろいろな人と接し、訪問や行事等で高齢者や障害者や幼い子ども等と接する機会が多いことを考えると、人一倍感染予防に注意を払う必要があります。

　なかでも重要なことは、少しでも熱や咳などの症状があれば、会合や行事を欠席することです。その段階では感染の有無はわかりませんが、体調不良のまま行事に参加した人が感染源となってクラスターが発生した例はいくつもあります。少しでも感染を疑わせる症状があれば予防を重視して休むことが大切です。

　また、コロナ禍の生活が長期化するなかで、対策疲れや慣れが生じつつあります。民生委員の皆さんも、日々の活動にあたっては、民児協や行政などから示されている指針やガイドライン等をあらためて読み返し、そのつど意識して予防策を徹底することが大切です。

2. 地域住民の行動や生活の変化、経済状態の悪化に関心をもつ

　民生委員は地域住民のために活動するわけですから、支援対象である地域住民の生活にどのような変化や課題が起きているかに関心をもち、把握することが大切です。

　コロナ禍ではさまざまな変化や問題が起きていますが、その内容を、「日々の生活や行動の変化」「経済状態の悪化や貧困の顕在化」の2つに分けてみてみます。

1 日々の生活や行動の変化

　子どもは学校や部活やサークル活動等が制限され、大人は在宅勤務（テレワーク）の推進や旅行や会食が制限されるなど、人が移動したり交わることが大きく制限されています。その結果、家に居る時間が長くなったことで虐待やドメスティック・バイオレンス（DV）等の

家族間の問題の増加、子どものゲーム漬けや肥満傾向や視力の低下、高齢者の筋力の低下、精神的不調を訴える人の増加等さまざまな問題が生じています。

2 経済状態の悪化や貧困の顕在化

仕事の内容や雇用形態によって状況は異なるものの、コロナ禍で経済的に困窮する人が急増しています。

契約社員や派遣社員は会社の経営状態の悪化の影響を最初に受け、多くの人が雇い止めされました。解雇とともに社員寮を出ることになりいきなり住む場所がなくなった人もいます。仕事をかけもちして何とかやりくりしていた母子家庭のお母さんが、子どもの学校の休校に伴い仕事を減らさざるを得なくなり収入が減少し最後は解雇された例や、飲食店のアルバイトがなくなり無収入になった学生や外国人留学生などさまざまな事情で経済的困窮者が増加しています。

3. 民生委員に期待される役割

上記で述べたようにコロナ禍で住民生活にさまざまな変化や課題が生じているなかで、民生委員には次のような役割が期待されています。

1 個々の生活課題を把握し支援する役割

従来から民生委員が行っていることではありますが、コロナ禍で起きているさまざまな住民の生活課題を把握し支援する役割があります。

生活の状況や異変を把握するためには、家庭を訪問して顔を見て話すことが有効ですし、また、特に何も問題はなくても、外出抑制で誰とも会っていない独居の高齢者が、民生委員と話して安心したという話もあります。そこで、自治体や民児協等が策定するコロナ禍での活動の指針等も参考にしながら、無理のない範囲で家庭訪問ができるとよいでしょう。その場合は十分相手との距離をとり、玄関の中に入ら

ず屋外で話すことなど、感染予防を心がける必要があることはいうまでもありません。

仮に訪問が難しい場合は、電話をかけたり、メモをポストに投函したり、さらにオンラインやSNSでの会話等のやりとりが可能な環境があれば、それらも活用してつながりをもち続けることが大切です（どの方法でも、相手に無理強いしないことが前提になります）。

コロナ禍で、家族のなかで新たな問題が起きていたり精神的に大きな不安を抱えている人は少なくありません。民生委員としては、あくまでも無理のない範囲でということになりますが、細くてもよいので、つながりを切らないようにして、接点をもち続けることが大切です。そのうえで把握した課題に対応する役割が期待されます。

❷ 経済的困窮者を支援する役割

前述の通り、経済的困窮者が増えています。それに対し、国ではさまざまな分野の支援策を設けていますが、既存の制度の見直しであれ新設の制度であれ、いろいろな支援策が用意されていても、その支援策の情報を入手すること自体が困難な人や、情報は入手できても自力で申請し手続きをすることが難しい人も少なくありません。

本書では、生活保護制度や生活困窮者自立支援制度、さらにコロナ禍で役立つ支援策についても紹介してきましたが、ほとんどの支援策は申請をしなければ利用できません。

民生委員の皆さんには、本書の内容を参考にしていただき、地元の関係機関とも連携し、さらに厚生労働省や地元自治体や社会福祉協議会のホームページ等も確認しながら、経済的困窮者が必要なときに有効な支援策を活用できるように支援する役割が期待されています。

資料

生活保護法（抄）

（昭和 25 年 5 月 4 日法律第 144 号）　※令和 3 年 6 月 11 日法律第 66 号改正現在

第 1 章　総則

（この法律の目的）

第 1 条　この法律は、日本国憲法第 25 条に規定する理念に基き、国が生活に困窮するすべての国民に対し、その困窮の程度に応じ、必要な保護を行い、その最低限度の生活を保障するとともに、その自立を助長することを目的とする。

（無差別平等）

第 2 条　すべて国民は、この法律の定める要件を満たす限り、この法律による保護（以下「保護」という。）を、無差別平等に受けることができる。

（最低生活）

第 3 条　この法律により保障される最低限度の生活は、健康で文化的な生活水準を維持することができるものでなければならない。

（保護の補足性）

第 4 条　保護は、生活に困窮する者が、その利用し得る資産、能力その他あらゆるものを、その最低限度の生活の維持のために活用することを要件として行われる。

2　民法（明治 29 年法律第 89 号）に定める扶養義務者の扶養及び他の法律に定める扶助は、すべてこの法律による保護に優先して行われるものとする。

3　前 2 項の規定は、急迫した事由がある場合に、必要な保護を行うことを妨げるものではない。

（この法律の解釈及び運用）

第 5 条　前 4 条に規定するところは、この法律の基本原理であつて、この法律の解釈及び運用は、すべてこの原理に基いてされなければならない。

（用語の定義）

第 6 条　この法律において「被保護者」とは、現に保護を受けている者をいう。

2　この法律において「要保護者」とは、現に保護を受けているといないとに
　　かかわらず、保護を必要とする状態にある者をいう。

3　この法律において「保護金品」とは、保護として給与し、又は貸与される
　　金銭及び物品をいう。

4　この法律において「金銭給付」とは、金銭の給与又は貸与によつて、保護
　　を行うことをいう。

5　この法律において「現物給付」とは、物品の給与又は貸与、医療の給付、
　　役務の提供その他金銭給付以外の方法で保護を行うことをいう。

第2章　保護の原則

（申請保護の原則）

第7条　保護は、要保護者、その扶養義務者又はその他の同居の親族の申請に
　　基いて開始するものとする。但し、要保護者が急迫した状況にあるときは、
　　保護の申請がなくても、必要な保護を行うことができる。

（基準及び程度の原則）

第8条　保護は、厚生労働大臣の定める基準により測定した要保護者の需要を
　　基とし、そのうち、その者の金銭又は物品で満たすことのできない不足分を
　　補う程度において行うものとする。

2　前項の基準は、要保護者の年齢別、性別、世帯構成別、所在地域別その他
　　保護の種類に応じて必要な事情を考慮した最低限度の生活の需要を満たすに
　　十分なものであつて、且つ、これをこえないものでなければならない。

（必要即応の原則）

第9条　保護は、要保護者の年齢別、性別、健康状態等その個人又は世帯の実
　　際の必要の相違を考慮して、有効且つ適切に行うものとする。

（世帯単位の原則）

第10条　保護は、世帯を単位としてその要否及び程度を定めるものとする。但
　　し、これによりがたいときは、個人を単位として定めることができる。

第3章　保護の種類及び範囲

（種類）

第11条　保護の種類は、次のとおりとする。

　一　生活扶助

　二　教育扶助

　三　住宅扶助

　四　医療扶助

　五　介護扶助

　六　出産扶助

　七　生業扶助

　八　葬祭扶助

2　前項各号の扶助は、要保護者の必要に応じ、単給又は併給として行われる。

（生活扶助）

第12条　生活扶助は、困窮のため最低限度の生活を維持することのできない者に対して、左に掲げる事項の範囲内において行われる。

　一　衣食その他日常生活の需要を満たすために必要なもの

　二　移送

（教育扶助）

第13条　教育扶助は、困窮のため最低限度の生活を維持することのできない者に対して、左に掲げる事項の範囲内において行われる。

　一　義務教育に伴つて必要な教科書その他の学用品

　二　義務教育に伴つて必要な通学用品

　三　学校給食その他義務教育に伴つて必要なもの

（住宅扶助）

第14条　住宅扶助は、困窮のため最低限度の生活を維持することのできない者に対して、左に掲げる事項の範囲内において行われる。

　一　住居

　二　補修その他住宅の維持のために必要なもの

（医療扶助）

第15条　医療扶助は、困窮のため最低限度の生活を維持することのできない者に対して、左に掲げる事項の範囲内において行われる。

　一　診察

二　薬剤又は治療材料

三　医学的処置、手術及びその他の治療並びに施術

四　居宅における療養上の管理及びその療養に伴う世話その他の看護

五　病院又は診療所への入院及びその療養に伴う世話その他の看護

六　移送

（介護扶助）

第15条の2　介護扶助は、困窮のため最低限度の生活を維持することのできない要介護者（介護保険法（平成9年法律第123号）第7条第3項に規定する要介護者をいう。第3項において同じ。）に対して、第1号から第4号まで及び第9号に掲げる事項の範囲内において行われ、困窮のため最低限度の生活を維持することのできない要支援者（同条第4項に規定する要支援者をいう。以下この項及び第6項において同じ。）に対して、第5号から第9号までに掲げる事項の範囲内において行われ、困窮のため最低限度の生活を維持することのできない居宅要支援被保険者等（同法第115条の45第1項第1号に規定する居宅要支援被保険者等をいう。）に相当する者（要支援者を除く。）に対して、第8号及び第9号に掲げる事項の範囲内において行われる。

一　居宅介護（居宅介護支援計画に基づき行うものに限る。）

二　福祉用具

三　住宅改修

四　施設介護

五　介護予防（介護予防支援計画に基づき行うものに限る。）

六　介護予防福祉用具

七　介護予防住宅改修

八　介護予防・日常生活支援（介護予防支援計画又は介護保険法第115条の45第1項第1号ニに規定する第1号介護予防支援事業による援助に相当する援助に基づき行うものに限る。）

九　移送

2　前項第1号に規定する居宅介護とは、介護保険法第8条第2項に規定する訪問介護、同条第3項に規定する訪問入浴介護、同条第4項に規定する訪問看護、同条第5項に規定する訪問リハビリテーション、同条第6項に規定す

る居宅療養管理指導、同条第 7 項に規定する通所介護、同条第 8 項に規定する通所リハビリテーション、同条第 9 項に規定する短期入所生活介護、同条第 10 項に規定する短期入所療養介護、同条第 11 項に規定する特定施設入居者生活介護、同条第 12 項に規定する福祉用具貸与、同条第 15 項に規定する定期巡回・随時対応型訪問介護看護、同条第 16 項に規定する夜間対応型訪問介護、同条第 17 項に規定する地域密着型通所介護、同条第 18 項に規定する認知症対応型通所介護、同条第 19 項に規定する小規模多機能型居宅介護、同条第 20 項に規定する認知症対応型共同生活介護、同条第 21 項に規定する地域密着型特定施設入居者生活介護及び同条第 23 項に規定する複合型サービス並びにこれらに相当するサービスをいう。

3 　第 1 項第 1 号に規定する居宅介護支援計画とは、居宅において生活を営む要介護者が居宅介護その他居宅において日常生活を営むために必要な保健医療サービス及び福祉サービス（以下この項において「居宅介護等」という。）の適切な利用等をすることができるようにするための当該要介護者が利用する居宅介護等の種類、内容等を定める計画をいう。

4 　第 1 項第 4 号に規定する施設介護とは、介護保険法第 8 条第 22 項に規定する地域密着型介護老人福祉施設入所者生活介護、同条第 27 項に規定する介護福祉施設サービス、同条第 28 項に規定する介護保健施設サービス及び同条第 29 項に規定する介護医療院サービスをいう。

5 　第 1 項第 5 号に規定する介護予防とは、介護保険法第 8 条の 2 第 2 項に規定する介護予防訪問入浴介護、同条第 3 項に規定する介護予防訪問看護、同条第 4 項に規定する介護予防訪問リハビリテーション、同条第 5 項に規定する介護予防居宅療養管理指導、同条第 6 項に規定する介護予防通所リハビリテーション、同条第 7 項に規定する介護予防短期入所生活介護、同条第 8 項に規定する介護予防短期入所療養介護、同条第 9 項に規定する介護予防特定施設入居者生活介護、同条第 10 項に規定する介護予防福祉用具貸与、同条第 13 項に規定する介護予防認知症対応型通所介護、同条第 14 項に規定する介護予防小規模多機能型居宅介護及び同条第 15 項に規定する介護予防認知症対応型共同生活介護並びにこれらに相当するサービスをいう。

6 　第 1 項第 5 号及び第 8 号に規定する介護予防支援計画とは、居宅において

生活を営む要支援者が介護予防その他身体上又は精神上の障害があるために入浴、排せつ、食事等の日常生活における基本的な動作の全部若しくは一部について常時介護を要し、又は日常生活を営むのに支障がある状態の軽減又は悪化の防止に資する保健医療サービス及び福祉サービス（以下この項において「介護予防等」という。）の適切な利用等をすることができるようにするための当該要支援者が利用する介護予防等の種類、内容等を定める計画であつて、介護保険法第115条の46第1項に規定する地域包括支援センターの職員のうち同法第8条の2第16項の厚生労働省令で定める者が作成したものをいう。

7　第1項第8号に規定する介護予防・日常生活支援とは、介護保険法第115条の45第1項第1号イに規定する第1号訪問事業、同号ロに規定する第1号通所事業及び同号ハに規定する第1号生活支援事業による支援に相当する支援をいう。

（出産扶助）

第16条　出産扶助は、困窮のため最低限度の生活を維持することのできない者に対して、左に掲げる事項の範囲内において行われる。

一　分べんの介助

二　分べん前及び分べん後の処置

三　脱脂綿、ガーゼその他の衛生材料

（生業扶助）

第17条　生業扶助は、困窮のため最低限度の生活を維持することのできない者又はそのおそれのある者に対して、左に掲げる事項の範囲内において行われる。但し、これによつて、その者の収入を増加させ、又はその自立を助長することのできる見込のある場合に限る。

一　生業に必要な資金、器具又は資料

二　生業に必要な技能の修得

三　就労のために必要なもの

（葬祭扶助）

第18条　葬祭扶助は、困窮のため最低限度の生活を維持することのできない者に対して、左に掲げる事項の範囲内において行われる。

一　検案

　　二　死体の運搬

　　三　火葬又は埋葬

　　四　納骨その他葬祭のために必要なもの

2　左に掲げる場合において、その葬祭を行う者があるときは、その者に対して、前項各号の葬祭扶助を行うことができる。

　　一　被保護者が死亡した場合において、その者の葬祭を行う扶養義務者がないとき。

　　二　死者に対しその葬祭を行う扶養義務者がない場合において、その遺留した金品で、葬祭を行うに必要な費用を満たすことのできないとき。

　　　第4章　保護の機関及び実施

（実施機関）

第19条　都道府県知事、市長及び社会福祉法（昭和26年法律第45号）に規定する福祉に関する事務所（以下「福祉事務所」という。）を管理する町村長は、次に掲げる者に対して、この法律の定めるところにより、保護を決定し、かつ、実施しなければならない。

　　一　その管理に属する福祉事務所の所管区域内に居住地を有する要保護者

　　二　居住地がないか、又は明らかでない要保護者であつて、その管理に属する福祉事務所の所管区域内に現在地を有するもの

2　居住地が明らかである要保護者であつても、その者が急迫した状況にあるときは、その急迫した事由が止むまでは、その者に対する保護は、前項の規定にかかわらず、その者の現在地を所管する福祉事務所を管理する都道府県知事又は市町村長が行うものとする。

3　第30条第1項ただし書の規定により被保護者を救護施設、更生施設若しくはその他の適当な施設に入所させ、若しくはこれらの施設に入所を委託し、若しくは私人の家庭に養護を委託した場合又は第34条の2第2項の規定により被保護者に対する次の各号に掲げる介護扶助を当該各号に定める者若しくは施設に委託して行う場合においては、当該入所又は委託の継続中、その者に対して保護を行うべき者は、その者に係る入所又は委託前の居住地又は現

在地によつて定めるものとする。

一　居宅介護（第15条の2第2項に規定する居宅介護をいう。以下同じ。）（特
定施設入居者生活介護（同項に規定する特定施設入居者生活介護をいう。）
に限る。）　居宅介護を行う者

二　施設介護（第15条の2第4項に規定する施設介護をいう。以下同じ。）
介護老人福祉施設（介護保険法第8条第27項に規定する介護老人福祉施設
をいう。以下同じ。）

三　介護予防（第15条の2第5項に規定する介護予防をいう。以下同じ。）（介
護予防特定施設入居者生活介護（同項に規定する介護予防特定施設入居者
生活介護をいう。）に限る。）　介護予防を行う者

4　前3項の規定により保護を行うべき者（以下「保護の実施機関」という。）は、
保護の決定及び実施に関する事務の全部又は一部を、その管理に属する行政
庁に限り、委任することができる。

5　保護の実施機関は、保護の決定及び実施に関する事務の一部を、政令の定
めるところにより、他の保護の実施機関に委託して行うことを妨げない。

6　福祉事務所を設置しない町村の長（以下「町村長」という。）は、その町村
の区域内において特に急迫した事由により放置することができない状況にあ
る要保護者に対して、応急的処置として、必要な保護を行うものとする。

7　町村長は、保護の実施機関又は福祉事務所の長（以下「福祉事務所長」と
いう。）が行う保護事務の執行を適切ならしめるため、次に掲げる事項を行う
ものとする。

一　要保護者を発見し、又は被保護者の生計その他の状況の変動を発見した
場合において、速やかに、保護の実施機関又は福祉事務所長にその旨を通
報すること。

二　第24条第10項の規定により保護の開始又は変更の申請を受け取つた場
合において、これを保護の実施機関に送付すること。

三　保護の実施機関又は福祉事務所長から求められた場合において、被保護
者等に対して、保護金品を交付すること。

四　保護の実施機関又は福祉事務所長から求められた場合において、要保護
者に関する調査を行うこと。

（職権の委任）

第20条　都道府県知事は、この法律に定めるその職権の一部を、その管理に属する行政庁に委任することができる。

（補助機関）

第21条　社会福祉法に定める社会福祉主事は、この法律の施行について、都道府県知事又は市町村長の事務の執行を補助するものとする。

（民生委員の協力）

第22条　民生委員法（昭和23年法律第198号）に定める民生委員は、この法律の施行について、市町村長、福祉事務所長又は社会福祉主事の事務の執行に協力するものとする。

生活困窮者自立支援法（抄）

（平成 25 年 12 月 13 日法律第 105 号）　※平成 30 年 6 月 8 日法律第 44 号改正現在

第 1 章　総則

（目的）

第 1 条　この法律は、生活困窮者自立相談支援事業の実施、生活困窮者住居確保給付金の支給その他の生活困窮者に対する自立の支援に関する措置を講ずることにより、生活困窮者の自立の促進を図ることを目的とする。

（基本理念）

第 2 条　生活困窮者に対する自立の支援は、生活困窮者の尊厳の保持を図りつつ、生活困窮者の就労の状況、心身の状況、地域社会からの孤立の状況その他の状況に応じて、包括的かつ早期に行われなければならない。

2　生活困窮者に対する自立の支援は、地域における福祉、就労、教育、住宅その他の生活困窮者に対する支援に関する業務を行う関係機関（以下単に「関係機関」という。）及び民間団体との緊密な連携その他必要な支援体制の整備に配慮して行われなければならない。

（定義）

第 3 条　この法律において「生活困窮者」とは、就労の状況、心身の状況、地域社会との関係性その他の事情により、現に経済的に困窮し、最低限度の生活を維持することができなくなるおそれのある者をいう。

2　この法律において「生活困窮者自立相談支援事業」とは、次に掲げる事業をいう。

　一　就労の支援その他の自立に関する問題につき、生活困窮者及び生活困窮者の家族その他の関係者からの相談に応じ、必要な情報の提供及び助言をし、並びに関係機関との連絡調整を行う事業

　二　生活困窮者に対し、認定生活困窮者就労訓練事業（第 16 条第 3 項に規定する認定生活困窮者就労訓練事業をいう。）の利用についてのあっせんを行う事業

三　生活困窮者に対し、生活困窮者に対する支援の種類及び内容その他の厚生労働省令で定める事項を記載した計画の作成その他の生活困窮者の自立の促進を図るための支援が包括的かつ計画的に行われるための援助として厚生労働省令で定めるものを行う事業

3　この法律において「生活困窮者住居確保給付金」とは、生活困窮者のうち離職又はこれに準ずるものとして厚生労働省令で定める事由により経済的に困窮し、居住する住宅の所有権若しくは使用及び収益を目的とする権利を失い、又は現に賃借して居住する住宅の家賃を支払うことが困難となったものであって、就職を容易にするため住居を確保する必要があると認められるものに対し支給する給付金をいう。

4　この法律において「生活困窮者就労準備支援事業」とは、雇用による就業が著しく困難な生活困窮者（当該生活困窮者及び当該生活困窮者と同一の世帯に属する者の資産及び収入の状況その他の事情を勘案して厚生労働省令で定めるものに限る。）に対し、厚生労働省令で定める期間にわたり、就労に必要な知識及び能力の向上のために必要な訓練を行う事業をいう。

5　この法律において「生活困窮者家計改善支援事業」とは、生活困窮者に対し、収入、支出その他家計の状況を適切に把握すること及び家計の改善の意欲を高めることを支援するとともに、生活に必要な資金の貸付けのあっせんを行う事業をいう。

6　この法律において「生活困窮者一時生活支援事業」とは、次に掲げる事業をいう。

一　一定の住居を持たない生活困窮者（当該生活困窮者及び当該生活困窮者と同一の世帯に属する者の資産及び収入の状況その他の事情を勘案して厚生労働省令で定めるものに限る。）に対し、厚生労働省令で定める期間にわたり、宿泊場所の供与、食事の提供その他当該宿泊場所において日常生活を営むのに必要な便宜として厚生労働省令で定める便宜を供与する事業

二　次に掲げる生活困窮者に対し、厚生労働省令で定める期間にわたり、訪問による必要な情報の提供及び助言その他の現在の住居において日常生活を営むのに必要な便宜として厚生労働省令で定める便宜を供与する事業（生活困窮者自立相談支援事業に該当するものを除く。）

イ　前号に掲げる事業を利用していた生活困窮者であって、現に一定の住
　　　居を有するもの

　　ロ　現在の住居を失うおそれのある生活困窮者であって、地域社会から孤
　　　立しているもの

7　この法律において「子どもの学習・生活支援事業」とは、次に掲げる事業
　をいう。

　一　生活困窮者である子どもに対し、学習の援助を行う事業

　二　生活困窮者である子ども及び当該子どもの保護者に対し、当該子どもの
　　生活習慣及び育成環境の改善に関する助言を行う事業（生活困窮者自立相
　　談支援事業に該当するものを除く。）

　三　生活困窮者である子どもの進路選択その他の教育及び就労に関する問題
　　につき、当該子ども及び当該子どもの保護者からの相談に応じ、必要な情
　　報の提供及び助言をし、並びに関係機関との連絡調整を行う事業（生活困
　　窮者自立相談支援事業に該当するものを除く。）

（市及び福祉事務所を設置する町村等の責務）

第4条　市（特別区を含む。）及び福祉事務所（社会福祉法（昭和26年法律第
　45号）に規定する福祉に関する事務所をいう。以下同じ。）を設置する町村（以
　下「市等」という。）は、この法律の実施に関し、関係機関との緊密な連携を
　図りつつ、適切に生活困窮者自立相談支援事業及び生活困窮者住居確保給付
　金の支給を行う責務を有する。

2　都道府県は、この法律の実施に関し、次に掲げる責務を有する。

　一　市等が行う生活困窮者自立相談支援事業及び生活困窮者住居確保給付金
　　の支給、生活困窮者就労準備支援事業及び生活困窮者家計改善支援事業並
　　びに生活困窮者一時生活支援事業、子どもの学習・生活支援事業及びその
　　他の生活困窮者の自立の促進を図るために必要な事業が適正かつ円滑に行
　　われるよう、市等に対する必要な助言、情報の提供その他の援助を行うこと。

　二　関係機関との緊密な連携を図りつつ、適切に生活困窮者自立相談支援事
　　業及び生活困窮者住居確保給付金の支給を行うこと。

3　国は、都道府県及び市等（以下「都道府県等」という。）が行う生活困窮者
　自立相談支援事業及び生活困窮者住居確保給付金の支給、生活困窮者就労準

備支援事業及び生活困窮者家計改善支援事業並びに生活困窮者一時生活支援事業、子どもの学習・生活支援事業及びその他の生活困窮者の自立の促進を図るために必要な事業が適正かつ円滑に行われるよう、都道府県等に対する必要な助言、情報の提供その他の援助を行わなければならない。

4　国及び都道府県等は、この法律の実施に関し、生活困窮者が生活困窮者に対する自立の支援を早期に受けることができるよう、広報その他必要な措置を講ずるように努めるものとする。

5　都道府県等は、この法律の実施に関し、生活困窮者に対する自立の支援を適切に行うために必要な人員を配置するように努めるものとする。

　　　　第2章　都道府県等による支援の実施

（生活困窮者自立相談支援事業）

第5条　都道府県等は、生活困窮者自立相談支援事業を行うものとする。

2　都道府県等は、生活困窮者自立相談支援事業の事務の全部又は一部を当該都道府県等以外の厚生労働省令で定める者に委託することができる。

3　前項の規定による委託を受けた者若しくはその役員若しくは職員又はこれらの者であった者は、その委託を受けた事務に関して知り得た秘密を漏らしてはならない。

（生活困窮者住居確保給付金の支給）

第6条　都道府県等は、その設置する福祉事務所の所管区域内に居住地を有する生活困窮者のうち第3条第3項に規定するもの（当該生活困窮者及び当該生活困窮者と同一の世帯に属する者の資産及び収入の状況その他の事情を勘案して厚生労働省令で定めるものに限る。）に対し、生活困窮者住居確保給付金を支給するものとする。

2　前項に規定するもののほか、生活困窮者住居確保給付金の額及び支給期間その他生活困窮者住居確保給付金の支給に関し必要な事項は、厚生労働省令で定める。

（生活困窮者就労準備支援事業等）

第7条　都道府県等は、生活困窮者自立相談支援事業及び生活困窮者住居確保給付金の支給のほか、生活困窮者就労準備支援事業及び生活困窮者家計改善

支援事業を行うように努めるものとする。

2　都道府県等は、前項に規定するもののほか、次に掲げる事業を行うことができる。

一　生活困窮者一時生活支援事業

二　子どもの学習・生活支援事業

三　その他の生活困窮者の自立の促進を図るために必要な事業

3　第5条第2項及び第3項の規定は、前2項の規定により都道府県等が行う事業について準用する。

4　都道府県等は、第1項に規定する事業及び給付金の支給並びに第2項各号に掲げる事業を行うに当たっては、母子及び父子並びに寡婦福祉法（昭和39年法律第129号）第31条の5第1項第2号に掲げる業務及び同法第31条の11第1項第2号に掲げる業務並びに社会教育法（昭和24年法律第207号）第5条第1項第13号（同法第6条第1項において引用する場合を含む。）に規定する学習の機会を提供する事業その他関連する施策との連携を図るように努めるものとする。

5　厚生労働大臣は、生活困窮者就労準備支援事業及び生活困窮者家計改善支援事業の適切な実施を図るために必要な指針を公表するものとする。

著者紹介

小林　雅彦 （こばやし・まさひこ）
国際医療福祉大学医療福祉学部教授

1957 年、千葉県生まれ。
日本社会事業大学大学院社会福祉学研究科修士課程修了。
川崎市社会福祉協議会、全国社会福祉協議会、
厚生労働省地域福祉専門官等を経て現職。

〈主著〉
『新版 民生委員のための地域福祉活動実践ハンドブック』（単著、中央法規出版、2020 年）
『民生委員活動の基礎知識』（単著、中央法規出版、2020 年）
『民生委員のための障害者支援ハンドブック』（単著、中央法規出版、2019 年）
『民生委員のための相談面接ハンドブック』（単著、中央法規出版、2017 年）
『民生委員・児童委員のための子ども・子育て支援実践ハンドブック』（単著、中央法規出版、2014 年）
『社会福祉基礎（高等学校福祉科教科書）』（共著、実教出版、2013 年）
『民生委員のための地域福祉活動実践ハンドブック』（単著、中央法規出版、2011 年）
『改訂 民生委員のための地域福祉活動 Q&A』（共著、中央法規出版、2011 年）
『地域福祉論―基本と事例（第 2 版）』（編著、学文社、2010 年）
『地域福祉論―理論と方法』（共編著、第一法規出版、2009 年）
『住民参加型の福祉活動―きらめく実践例』（共編著、ぎょうせい、2002 年）
『地域福祉の法務と行政』（編著、ぎょうせい、2002 年）

民生委員のための経済的困窮者支援ハンドブック
——実務に役立つ 35 の Q & A

2021 年 11 月 1 日　発行

著　者 ………… 小林雅彦

発行者 ………… 荘村明彦

発行所 ………… 中央法規出版株式会社
　　　　　　　　〒110-0016　東京都台東区台東 3-29-1　中央法規ビル
　　　　　　　　営　　業　　　TEL 03-3834-5817　FAX 03-3837-8037
　　　　　　　　取次・書店担当　TEL 03-3834-5815　FAX 03-3837-8035
　　　　　　　　https://www.chuohoki.co.jp/

印刷・製本 ……… 株式会社太洋社

ブックデザイン … 株式会社ジャパンマテリアル

ISBN978-4-8058-8375-4